# 青 春 遊 記

明士心、許思庭　合著

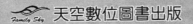
天空數位圖書出版

# 目　錄

↑六十一個人代表六十一個國家

❶月亮山

∩西安城牆

🎧明洞 1988

⌒桂林山水果然不同凡響

∩華山之顛

華山天梯

⋂華山棧道

�m華清池

⌒驚心動魄下拍攝的兵馬俑

⋒倫敦的西敏寺，是英國政府權力核心的心臟地帶

↑英式的小型市集，多數以售賣手工藝及自家農產品為主

⋂牛津大學其中一所學院的校園環境

↻大英博物館埃及展區的珍寶，記錄了部分人類起源之謎

↑羅浮宮前的玻璃金字塔經常都是人山人海

⋂日落黃昏的巴黎鐵塔是最美麗

↑法國香檳品牌 Moet 始創人的石像

∩羅浮宮鎮館三大寶物之一

「蒙羅麗莎」旁邊總會有保安人員看守著

⋒法國的左岸區

↑法國凡爾賽宮一望無際的皇宮花園

# 我曾經愛上旅行

作者：明士心

　　沒有 Wifi，沒有上網，沒有手機，更不像今日的都市人會在旅途中同 Siri 對話，玩得特別自在。旅行，在二十一世紀實在是輕鬆平常事，有人家中總是擺著「準備中」的大篋，興之所致，買機票，訂飯店，馬上出發。

　　上世紀八十年代，隨著交通網絡一日千里，那時候，香港突然颳吹了一片「自遊行」之風（當年叫自助旅行），當時不少年輕人紛紛闖出維港。記得《老殘遊記》：「老殘行李本不甚多，不過古書數卷，儀器幾件，收檢也極容易，頃刻之間便上了車。」你們的「儀器」又是甚麼？無論大家懷著甚麼目的出發，總會相隔一段時間，就會想看看外面各種各樣不同的世界。

　　一些人到了夢寐以求的歐洲，一些人到了日本見識「鬼子」的文明，但更多香港人會選擇到中國，除了希望一睹錦繡河山之外，便宜的旅費也是一大原因。畢竟，那年代要坐飛機稱得上是「人生大事」，一張機票價值連城，如我等窮苦學生只能仰天長嘆（如筆者來回一次韓國，便是三千多港元，當年香港一個普通職員，月薪大概也只有兩千多，一張機票就是個多月的薪水。換算今天的話，香港來回首爾的機票，應該都要兩萬港元了！）要知道，當年我們北上旅遊，大都沿陸路而行，體驗魯迅話「路由人行出來」的真理，省卻了一大筆旅費呢！

　　一個人的興趣有很多，筆者的興趣排名榜首位是足球，第 2 位就是遨遊世界。記得在 1983 年左右，我開始跟旅行這位新朋友打交道，回

想起來，或許與當年 TVB 播出三個資訊節目《絲綢之路》、《寰宇線》及《青春前線》的存在莫大關連。

　　《絲綢之路》是日本 NHK 製作，TVB 配音，由鍾景輝及羅志強主持，第一輯介紹的是在中國境內的一段絲綢之路，由西安出發，抵達帕米爾高原；之後推出第二輯及第三輯，最終抵達義大利名城羅馬。《絲綢之路》內容豐富，筆者準時坐在電視前看得目瞪口呆，既介紹旖旎風光，也觸及風土人情及歷史遺蹟，那年頭不像今日能在網上隨時收看，看電視是每家每戶的基本動作。

　　至於由斯文美女盧敏儀主持的《寰宇線》，就是介紹世界各國的鐵路旅行，教導我們如何在軌道上享受跨越國境的樂趣，兼且欣賞沿途的一景一物。節目的開場白「鐵路遍寰宇、天地任我行、青春作伴，消遙萬里遊」，至今在腦海縈繞不去，千迴百轉。只有十五歲的我被兩套紀錄片，打開了一扉向世界中心出發的大門，不期然對旅行產生了濃厚興趣，總希望有一天自己能親歷其境。

　　望梅止渴的日子又過了兩年，1985 年國際青少年節，TVB 於 1984 年推出了《青春前線》，由五位年輕人以青少年大使的身分擔正主持，最初的五位大將是張國強、羅志強、馮雲黛、盧敏儀，還有一名只說英語的男生（出現時間太短，忘了名字），後來被美女唐麗球取代。節目內經常強調年輕人要追上時代，挑戰自己，體驗不同文化的生活，其中羅志強就常常分享個人的旅遊心得。

　　自此之後，筆者開始尋找大量旅行相關資訊，為出門作好萬全之備，最主要的基地是圖書館，當時真沒有想過三十多年後的今日，足不出戶，click 一 click，點一點，就能搭通天地線。直到 1985 年八月，我與幾位同學一起踏上征途，北上神州，足跡遍及廣西幾個重要城市（如桂林、柳州、南寧等），但可能是大夥兒一起出發，印象反而不太深刻。

　　第一次的嘗試是為了明天而準備，經歷過自己的一小步後，讓我對未來的大大步充滿憧憬。隨後，我閱讀過香港的旅行家的作品如：周永傑、曾展強、葉特生、陳天權、水禾田、徐家英等等，總結一句就是「年輕人，讀萬卷書不如行萬里路」，千里之行始於足下，體驗生活比起聽別人怎樣生活來得更有意義。

　　1986 年，一個人之旅終於成行，當年中國改革開放不久，省吃儉用的話，旅費夠我遊山玩水一個月，而我的腳步之後也沒有停下來，1987 及 1988 年分別到過中國的華東、華中及華北，還有要坐飛機這等大事的到韓國、台灣。旅行到底是甚麼？旅行家提出的不外乎是了解當地文化、歷史和人情，對於大部分人來說，不過是到此一遊，selfie 一下，最終恐怕還是血拼比寒冬更冷的冷氣大商場。

　　筆者認為旅行的目標因人而異，不分高低，不分輕重，不分貧賤，只要根據個人喜好，追尋自己喜歡的方式去享受一次旅程，那就夠了。「只有網下世界，沒有網上世界的」年代，筆者在沒有任何約定的情形下，究竟是怎樣體驗旅途的喜樂，如何孤身面對全然陌生的人和事，在

此真誠與大家分享，回顧當年中國之旅，本文是遊記系列的首集，還是是那一句，且聽下回分解。

# 首踏征途
## ——初生之犢不怕臭

作者：明士心

　　車廂內充斥著汗水味、香煙味，腳臭味、煤炭味、銅臭味、魚腥味、啤酒味、米飯味、嘔吐物的味道，還有畜牲味（乘客可帶活禽上火車），總之是雜味紛陳，30 多年過去，忘不了那些嗆鼻的味道，回想起來仍會起雞皮疙瘩……

　　1985 年，筆者受到前輩們的影響，決定離開香港，出外闖一闖，「娃娃」看天下。所謂「旅行」，除了必到當地觀光名勝及嚐盡美食之外，最重要還是體驗生活，看看這個世界。可惜那時仍是學生的我，只靠打暑期工賺外快，收入微薄（當時筆者的月薪約港幣 1,500 元），所以人生第一次旅行只能到物價低廉的中國。

　　八月下旬，與同學一行六人，踏上往廣州的火車，首次離開父母的保護傘，當年還有一個月便是 17 歲，受到國際青年節的氣氛影響，首次展開「自遊行」征途。

　　或許是因為結伴同行，奇怪的是就算寫下簡單的日記，印象也不算特別深刻，同日後其他獨闖虎穴的旅行截然不同。我們在廣州整頓一下，與同學們在廣州火車站排隊買票，即便當時為「港澳人士」設有特別的窗口，比較容易買到車票，但我們刻意為了生活體驗而跟中國老百姓排在一般的售票窗口，這就是筆者多年以來的原則，絕對不會說一套，做一套。

　　慘了，一晃眼就是三小時，售票窗龍頭的位置總是亂作一團，辛辛苦苦的買到六張車票，卻只能買到兩張硬臥票，迫不得已，其餘四人只

能選擇硬座了。我們乘搭 282 次由廣州開往南寧的列車，途中，我們會在桂林下車。

萬萬想不到，長達十九小時的列車，就是「自遊行」的首個考驗，真不容易，但又沒辦法，只好硬著頭皮捱下去。火車於中午開車，預計第二天早上七點左右抵達桂林。

筆者自小就跟家人回鄉探親多次，往來深圳廣州也是常坐硬座，但第一次要在火車內待十九小時，「硬硬」坐足十九小時，今天想起也是猶有餘悸……

嗚、嗚，轟隆轟隆，嗚、嗚，火車行駛途中，我們一行幾人雖然不好受，但相比起其他部分乘客，應該好得多了，要知道，有些人是買的站位票，坐一整天是辛苦，站一整天更辛苦，實在不敢想像。

由於車程長達十九小時，我們的兩餐都必須在車廂內解決。當時，客務人員不定時推著餐車售賣飯盒，只需五毛人民幣便可吃個飽，真的是五毛錢（約不用港幣 2 元）而已，哪怕不是甚麼特別菜色，青菜、雞蛋、肉碎。要體驗生活，當然要啃下去。

硬座火車，最麻煩的細節是要上廁所，途中會經過買站票的乘客，這時候他們很多已「無法」站起來，而是坐在地上又或跍在地上。我們要走過人群就像越過沼澤一樣，雙腳不得不從中左穿右插。

由於硬座的火車是面對面而坐，盛夏時，如果你是面向車頭，便有福了，窗外的涼風一陣陣吹來，煞是涼快。

相反，倒向的話，那就是挺熱的風，那個年代，中國的火車有冷氣的很少很少。而最難受的是車內的污煙瘴氣，煙霧迷漫，乘客在抽煙，別跟我說不如「逃去非吸煙區」這種話啊！

整個車廂瀰漫著汗水味、香煙味，腳臭味、煤炭味、銅臭味、魚腥味、啤酒味、米飯味、嘔吐物的味道，還有畜牲味，臭味會刺人的鼻子。如果是現在的我，恐怕未必會再敢踏進這種車廂。

到了晚上，窗外漆黑一片，這時候，坐著窗邊的話，順風就不那麼好了，因晚風颯颯的吹來，冷得心寒。同時你不可以把窗關掉，否則會在車廂悶死！

我們買的四張車票，剛好是對著坐的，故此不停對換位置，讓大家分享（分擔）車程中的冷與熱，絕對是遊走在冷熱之間，儼如冰火兩重天！

那晚，也忘了幾點，火車到達長沙，停留大約一小時，火車變成倒著行駛。就是原本是向前的，現在感覺是向後，哈！火車當然不是向後開，而是換了火車頭，把原本車尾的位置接上，把車尾變成車頭，再南下廣西。

廣西，也就是向我們的真正目的地進發。

# 男人都會一頭栽進美人計

作者：明士心

　　同行的一位朋友本來就沒打算與我們一起玩整個行程，只有數天時間，便要趕著回香港，所以我們先在水山甲天下的桂林下車。下午三時左右，我們終於到達廣西東北部的桂林。

　　在桂林火車站，我們先購買了明天遊漓江的船票，也要從多間旅社接待中選出一間。（2020 年曰所謂旅社接待，當然不是今天那些像小商店那麼美麗，那年代不過是一個拿著 ABC 旅社的牌子，又或是騎著單車之類的，非常簡單，現代人一看就知非常「山寨」。）不同的是，人心純樸，那年代沒聽過黑店這個詞語，做生意的都是老實商人！

　　舊日的事物不是特別美，倒是人很美，我們選了其中一家叫作桂花旅店的，原因只有一個：就是那位接待員是一位美麗的小姑娘，哈哈！請包容我們個個都是血氣方剛的小男生啊！

　　我們乘坐公共汽車往位於西城路的桂花旅店，那裡的設備尚算可接受，一間大房有四張床，配有公用衛生間，只需 35 人民幣（2020 年曰：那時官方牌價是 100 港元對 30 外匯券、黑市人民幣可以換到 50 元左右）。換句話說，我們四個男人一間房，另外兩位女子就雙人房了，所以，這個價錢是非常便宜。

　　稍作安頓之後，我們一起前往民航局，準備為那位 4 日後返港的朋友安排航班。（2020 年曰：那時在中國買機票，不是到航空公司，而是必須民航局，而且只有中國民航的航班，並沒有其他航空公司的，是不是無法想像呢？）

　　辦妥之後，我們到杉湖中的酒家吃晚飯，環境幽美，在杉湖的景色襯托下用餐，何其寫意！人算不如天算，不幸的是碰到飯菜味道奇差無比的酒家，實在大煞風景，不知道今天它還在不在呢？

　　吃罷，在市內逛一逛，再嘗試道地風味美食，牛肉、馬肉米粉，他們吃個夠，因我喜歡馬，所以不吃馬肉，點了牛肉米粉，之後再來豆腐花作甜品，最後人人都捧住大肚子回旅社去了。

# 長安一片月

作者：明士心

「長安一片月，萬戶搗衣聲。秋風吹不盡，總是玉關情。何日平胡虜，良人罷遠征。」第一次聽詩仙李白的《子夜吳歌．秋歌》，要追溯1983 年 TVB 播出的《絲綢之路》節目，由字正腔圓的鍾景輝先生朗誦出來，別具一番詩意。看過這節目，對絲綢之路的嚮往，一發不可收拾。

西安，古稱長安，曾經作為中國首都逾八百年，包括盛極一時的漢唐兩朝，也是絲綢之路的起點。長安本身的歷史引人入勝，由數千年前猿人文化的半坡遺址開始，往後的春秋戰國時代到秦統一天下，此後數百年也是中國歷史的舞台中心，見證了盛極而衰、否極泰來。

明朝修築西安城牆，明末的李自成於西安稱帝，滿清時期，慈禧太后更因八國聯軍而逃到西安，再加上聞名中外的西安事變……哪怕中國共產黨定都北京，古都長安就是一部活生生的中華民族史書，翻開它，趣味盎然，其樂無窮。

追憶逝水年華，筆者慕名而來到西安，時年十七歲，年少氣盛，湧起雄心壯志，想過由絲綢之路的起點一直走到義大利首都羅馬，預計歷時九個月，目標是在三十歲前完成……奈何，心有餘而力不足，結果現已過了半百，還沒有達成心願。1986 年是由西安出發，非往西行，而是往東走，一路經河南省再北上京城。

一個還未成年的男生，還未見過甚麼世面，獨闖西安，先從廣州坐上四十四小時的長途火車，顛顛簸簸，惟經過去年的旅程後，這次作好準備，先買好臥鋪車票，以防路上要跟其他乘客搶位子。猶記得火車由

下午五時多從廣州站出發，後天中午抵達西安，整個行程經歷了兩天兩夜，今日讀者會覺得匪夷所思。

到達西安後，筆者先找便宜的旅宿（建青招待所）下榻，距離火車站不算遠，三元多人民幣一張床位，位於東七路，旁邊的東八路當年是夜市，晚上小攤販叫賣，好不熱鬧，故此遊人吃東西非常方便。（2020年曰：不知道三十多年後的今天，夜市還在嗎？抑或像其他內地城市一樣已蓋房子？）

幾十年前的交通不發達，除了坐公車外，就只能坐當地人駕駛的三輪車，或我們自己騎自行車上路，可想而知，以前遊山玩手，體力少一點都不行。當然，大部分是要依靠自己的雙腿，幸好西安市中心可供遊覽的地方，如鐘樓、鼓樓、大清真寺等地方，勉強還可以步行前往。

物換星移，萬萬想不到，今年中國鄉民討論「最坑殺景區」時，第四位居然是當地的秦朝兵馬俑，而第一位是廈門的鼓浪嶼，並戲稱「不去一生後悔，去了後悔一生」，更會對古蹟古城的幻想徹底破滅，尤其是大煞風景的淘寶實體店，小店也是千篇一律。

李白與長安有緣，曾經得到玄宗寵信，惜被同僚嫉妒，《登金陵鳳凰台》最後一句「總為浮雲能蔽日，長安不見使人愁」，理想落空，處處愁悶。最可惜的是，古都長安的唐韻遺風，已不在今日西安所復見，960萬平方公里大好河山，唐代木建築就剩下山西五臺山佛光寺和南禪寺，不想去的話，就要到日本奈良縣。

　　五層的法隆寺高達 31 米，始於公元八世紀，既是日本最古老木塔，也是世界現存最早誕生的木建築，只在奈良可見。原來唐代祖宗留下來的美好，已難在長安找到，假如李白知道的話，可會從棺木中彈起來？

# 桂林山水甲天下

作者：明士心

「桂林山水甲天下，陽朔堪稱勝桂林，群峰倒影山浮水，無山無水不入神。」出發之前，只聽過前一句，後面那三句是到了桂林後看到的，忘了是在哪家餐廳還是飯店，但一看就深深印在腦海裡，幾十年後仍記得清清楚楚。

年少多好，十六歲的我帶著一顆好奇之心探索世界，去過的地方不多，沒見識過甚麼世面，如何「甲天下」就不得而知，但桂林、陽朔的美景很迷人，散發燁燁光芒，迄今歷歷在目。

心忖，陽朔山水真的勝桂林？我來到碼頭，卻因漓江 8 月底的水量不足，沒能從桂林坐船直達陽朔，迫於無奈先乘車到陽堤，沿途欣賞小部分風景，到陽堤後再乘船赴陽朔。兩岸景色山明秀麗，山峰林立各自各精采，有像蘋果，有像烏龜，疊嶂層巒，千岩萬壑，連綿不斷。

下午終抵陽朔，眺望有趣的月亮山，此山雖不高，只有 380 多米，山頂有一個大洞穿過，從正面看見後面的另一塊石，此情此景，確像月蝕，因而得名。那麼，為何不叫月蝕山呢？來到陽朔，順道與一棵千年古榕樹碰面，是不是已有千歲，不得而知，筆者對植物沒甚麼興趣，眼前所見不過是一棵很高很大的老樹而已。

在我來說，桂林的群山超群卓爾，綿延萬里，令人目不暇給，相比起來，其他地方的山顯得有點孤獨，身邊總是沒有朋友守望相助。桂林的山（其實類似的山嶺在廣西及廣東為數不少）是一座一座的，海拔不太高，大概就是二三百米，儼然一棟一棟房子般，甚具特色。

每座山是如此特立獨行，內部還有溶洞供遊客遊覽，溶洞經過水滴，侵蝕石灰岩層而成，又稱鐘乳洞。洞內布滿奇形怪狀的鐘乳石，配上燈光效果，場景有趣，也不時聽到其他遊客感嘆大自然的奧妙。

當年桂林最著名的是七星岩與蘆笛岩，後者的空間更大，號稱為水晶宮（這名字可能比英超球隊更早面世），即東海龍王的龍宮。這時候，只想到東海龍王的十個女兒，假如這兒也有真麻豆扮演她們，必然吸引更加遊客慕名而至，絡繹不絕。

市中心照樣有山有水，對我來說，月牙山比疊彩山更難忘，尤其是年輕時總愛刺激，不得不嘗試登山。在月牙山，我沿著小徑走一陣子，窺見一條崎嶇小路，決定往上攀，期間頗為危險，沿途並沒開路給遊人，幾次差點兒掉下來。而且，山上的石頭無比鋒利，一不小心便會擦傷或抓不穩，掉下不死，也會被尖石插死。幾經辛苦登頂，山上景色秀麗，俯瞰遠景，滿足感無法用筆墨形容，終感受到「會當凌絕頂，一覽眾山小」。

人類看到奇形怪石自然產生無限聯想，九龍有獅子山，桂林有象鼻山，無疑是無人不識的地標。象鼻山是一座酷似一隻以鼻吸水的大象而已，沒甚麼特別，反而伏波山的試劍石，稍有趣。試劍石像根柱子，中間並不相連，留有一條小空隙，傳說是當年的伏波將軍（東漢援）試劍時所劃下的。

古時候，山多平地少的丘陵地帶，不宜人類聚居；打仗時，好處是易守難攻，但很少成為主戰場。桂林相比其他大陸城市，似乎保留著更

多的原始美景，也許發展難而因禍得福。對於當時年輕的我，遊歷過桂林，確實增廣見聞，從此，更愛上了旅行。

# 追憶華山論劍，
# 遙想高手過招

作者：明士心

「問世間，是否此山最高？或者，另有高處比天高？」第一次聽到華山這地方，是當年看過的港劇《射鵰英雄傳之華山論劍》，劇中高手雲集，黃藥師、歐陽鋒、洪七公、王重陽等比試武功，紛紛以「華山論劍」作為人生第一目標。那時候，我才念國中二年級，心中就對華山充滿嚮往。

1986 年，我來到西安，又怎能錯過比鄰這城市的西嶽華山呢？從西安坐三小時左右的火車抵達華山站，當時的香港人要登山，首先要登記，目的是收費。登記費一元五角外匯券，理論上價值與人民幣相同（溫馨提示，朋友在兩年前告訴我，今日登華山的套票已超過 450 元人民幣，包含景區門票、車票、索道來回票，如果每一段分開購買的話，總金額會更高，讀者謹記），登記後便開始登山，記得是下午一點正。

登山之路，全程幾乎是長階梯路，有些樓梯甚至呈九十度，異常陡峭。我在一時四十分左右到達五里關，兩時走到莎蘿坪，二十分鐘後見到毛女洞，途中也要多次停下來休息，累得喘不過氣，心中暗想：「還是不要上去了」。頓一頓，又是騎虎難下，只得硬著頭皮繼續上山。

三時四十分左右，抵達青柯坪，四時多踏上盤旋於懸崖峭壁之上的千尺幢，回頭望下去，心驚膽顫，再前進到百尺峽時，每一級又窄又高，更覺恐怖。四時二十五分，來到原名「白雲庵」的群仙觀，但見不到神仙，只有汗流浹背的遊客。四時五十五分，終見北峰，約在六時抵達蒼龍嶺，俯視萬丈深淵，深感汗顏。

　　六時四十七分，我在華山五關之一的金鎖關，狀似石拱門，也就是杜甫《望嶽》中所指的「箭栝通天有一門」。七時三分，當我在道教寺廟鎮岳宮時，已辛苦得無力說話。順帶一提，這道觀已改造為旅社，供遊人入住，但那年頭山上沒有供電，照明靠油燈，而這裡在盛夏，九時還可在山頂欣賞日落，景不迷人人自迷。

　　身在海拔二千公尺，日落後，山上明顯變得寒氣迫人，惟當你遠離塵囂，晚上抬頭凝望滿天繁星，身心確是舒暢，上山前哼起「論武功，俗世中不知邊個高」，上山後會唱著「當你見到天上星星，可會想起我」。無涯星海，點點星光，如果有個美女相伴，那就是人生樂透之事！可惜，當時我還是孤臣孽子！

　　第二天清晨在華山之顛到處走走，呼吸一下山上靈氣，感受感受何謂華山之險——「鷂子翻身」，是通往下棋亭的必經之路。它要從山邊往下爬，中間必須轉身才能再向下，我只爬了一半，因人太多，危險萬分，於是中途放棄折返。至於長空棧道，那時候就只有一大塊長木板，連鐵鍊也沒有，我只敢走了一下，怕被其他遊客擠下去萬丈懸崖，還是退一步，回頭是岸吧。

　　中國傳說多如繁星，關於華山之巔，就流傳「沉香劈山救母」之說，我親眼目睹一塊被劈開的石頭，孰真孰假，留給世人想像。簡單就是美，這裡沒有電、食物只供填肚，但在盛夏來到如此清涼之地（攝氏約十四五度），備受天上人間的美景包圍，真有洗滌心靈的感覺。我相信，今天重遊舊地，難比往昔，美好時光，可一不再。

# 華清池與楊貴妃，
## 溫泉水滑洗凝脂

作者：明士心

「春寒賜浴華清池，溫泉水滑洗凝脂；侍兒扶起嬌無力，始是新承恩澤時。」白居易的《長恨歌》，傳誦千年，既道出了楊貴妃的風華絕代外，也將李隆基寵幸她的細節娓娓道來。

真的是聞名不如見面，驪山溫泉歷史悠久，被譽為「天下第一泉」，當年到訪，適逢盛夏，我不過是一名窮學生，加上時間倉卒，沒能泡一泡「洗凝脂」的泉水，算是一點遺憾。來到了華清池，儘管整個花園是仿唐建築，但八十年代中的旅遊設施仍沒跟得上現代化，說實在的，看上去有點殘殘舊舊。

遊覽各個溫泉區，像九龍湯、蓮花湯、晨辰湯等，看下去很大，或許因為浴池沒有水，只見凹凸不平的石板，破破落落的，殘破不堪。當下，我自問聯想不到《長恨歌》的一段愛情故事，相信就是我做不了才子的原因。想來想去，反正都是仿唐代建築，我搞不懂為何中國政府不好好整修一下景點，還原昔日溫泉之風采，期望三十多年後的今天會有不一樣的景觀？

追本溯源，「驪山湯」始於秦始皇時以石築室，及後唐朝太宗和玄宗進行兩次大規模擴建，遂改名「華清池」。相傳楊玉環沐浴的湯池堆滿沉香，為的是遮掩狐臭，經常濕透的手帕，汗香襲人，信不信由你。只要是國色天香、閉月羞花的大美人，就算是泡腳水，男人被迷倒時都會覺得是香香的。

　　李隆基與楊玉環的故事傳頌千古，流傳著不同版本的故事，有些說到九五至尊唐玄宗不要江山要美人……會不會是美人愛上的就是皇上的江山？哈哈！在華清池泡湯的名女子，先是楊玉環，繼而是慈禧太后。1900年，八國聯軍攻陷北京，慈禧逃往西安，把逃難當作度假，窮奢極侈，愛在泡湯中忘憂，果然懂得享受人生。國破家亡？跟她風馬牛不相及。

　　談過女人，再聊男人。看過溫泉區，便步行到一列房屋，其中一間稱作「五間廳」，便是當年蔣介石的行轅，用作部署如何剿滅共產黨的指揮中心。不過，在1936年12月12日，張學良與楊虎城聯合行動，發動兵變，蔣介石在寢室聽到槍聲後，從窗逃出，跑到後山的半山腰，最後還是被部隊生擒了，那就是震驚國際的「西安事變」，可見華清池盛載的歷史厚度，殊不簡單。

　　在這半山的位置，有個小涼亭稱作「捉蔣亭」，後來兩岸關係緩和，中共改名為「兵諫亭」。有趣的是，最初有胡宗南蓋這亭作紀念時，是稱作「總統蒙難亭」的，一個地名變、變、變，無非是政治因素，說不定若干年後又會改回來。話分兩頭，不知道當年蔣介石在指揮軍隊時，有沒有在這溫泉中享受一下呢？

　　時間是最好的藝評人，白居易的《長恨歌》比陳鴻的《長恨歌傳》更受歡迎，陶淵明《桃花源記》較自己創作的《桃花源詩》深入民心，詩詞歌賦的流傳，往往是不斷淘汰，經歷歲月不斷洗禮，只有最好的留了下來，傳誦下去。

# 到處掃墓，心情興奮

作者：明士心

　　1986 年到西安，參觀各朝陵墓是指定動作，根本就是在「掃墓」，但與每年探望祖宗不同，心情異常亢奮。一年後，人稱「阿燦」的香港藝人廖偉雄，改編哥哥張國榮的名曲《愛慕》：「掃墓／去掃墓／咁遠路／叫我點去到。」今日再聽，依舊忍不住發出會心微笑。

　　上世紀八十年代，中國大陸交通不太發達，市內交通以公共汽車及三輪車為主，遊客要往遠一點的地方，若不參加當地的旅行團，就只能購買旅遊巴套票，「一張票、呵呵笑」，只需一張票，便可遊覽幾個不同景點。除了乘坐旅遊巴，確實別無他法，除非是奢華出遊，斥資包車，否則這是最划算、最方便的方法。每到一個景點，確認開車時間，然後準時回來，再到下一站。

　　西安曾經是多個朝代的首都，儼然中國歷史的小小縮影，歷代陵墓自然是其中重點，惟那年頭並非全都開放給遊客，記得所謂的「東西線」，西線可遊咸陽博物館、乾陵、章懷太子墓、永泰公主墓；東線則為半坡遺址、秦陵、華清池。

　　遊客到各朝各代的陵墓參觀，實際上就是在掃墓，當然沒有人會帶祭品，遊客只會帶照相機的！每一個墓，各具特色，中國第一個君主之墓秦陵，自嬴政為皇時始建，歷時悠悠 49 年，親眼目睹，場面震撼。秦始皇陵連同兵馬俑，於 1987 年被列為世界文化遺產，迄今尚未發掘，箇中謎團恐怕永難解開。

　　作為中國史上唯一一個合葬的乾陵（兩個皇帝合葬可能是世界唯一），埋葬了唐高宗與武則天，果然氣勢不凡。第一次聽到乾陵的歷史，正是電視節目《絲綢之路》第一集，當然，親歷其境與電視畫面是兩碼子的事，不能相提並論。

　　陵墓神道兩邊都有很多石像，有翁仲、飛馬、朱雀等，其中有一兩個石像，記得在電視看過，近看時卻心情興奮。如果你一路向中央走過，必然留意「無字碑」，最歷歷在目首推「外國無頭使者」。

　　猶記得《絲綢之路》主持鍾景輝先生一席話：「每一個石像，就代表一個國家，六十一尊就代表六十一個國家，證明西安當年是多麼繁華的國際大都會。奇怪的是，每一個石像都被人砍了頭，到底是誰砍的？為何要砍？」後來，道聽途說到不少傳說，但沒有一個能證明是確切的答案。說是陵墓，到底六呎之下有沒有靈寢，遊客無從得知，不知道四十多年後的今天，誰有進一步的資訊呢？

　　站在陵墓神道，眺望向外，一片遼闊的大平原，據說是「八百里秦川」，景色如此壯觀，真的心曠神怡，不禁大喊一句：「大地在我腳下！」看過乾陵後，附近還有章懷太子墓及永泰公主墓，重點是看墓內的數十幅壁畫，可惜光線嚴重不足，沒能留下一張照片。如果要使用閃光燈，必定會破壞古物，作為守規矩的遊客，寧願印在腦海算了。

　　人死不能復生，中國人相信前世今生，也認為三魂七魄會前往另一個世界，所以要積德行善，為子孫，也為自己。

# 偷拍兵馬俑，
## 一按一顫抖

作者：明士心

　　打卡，今日蔚為成風，不怕你拍攝，最怕你不拍，但當年卻是另一回事。這一天出發到秦陵，說得上是整趟旅程的重頭戲。先到一片黃土平原，中間矗立著一個碑，寫著「秦陵」，實在沒甚麼特別之處，純粹讓遊客打卡留念而已。拍完，返回大巴，前往秦俑博物館，終可欣賞號稱「世界八大奇蹟」的兵馬俑。

　　秦陵是中國史上最大的陵墓，博物館內就是一大片土坑，站著數之不盡的「秦兵」，排列有序，整齊一致，每一個兵馬俑都有不同面貌，別具心思。當時的博物館是規定禁止攝影的，但望向眼前難得一見的場面，又豈能錯過留影？所以，只能偷拍了。

　　不過，過去的相機沒有現在的方便，要偷拍，絕不容易。首先，我要打開鏡頭蓋子，預判距離後，再調校焦距，光圈快門也要估算得清清楚楚；而且，偷拍是在不能看鏡頭，卻要準確地想好位置，馬上按下快門，再故意「乾咳」兩聲，並查看附近有沒有被「秘密警察」監視。

　　最終，我只是拍了兩張照片，已不敢再接再厲，因為親眼目睹有些遊客偷拍被發現，馬上被拆掉底片，難免一步一心驚。少了一卷底片事小，但連之前所拍過的照片也失去的話，那就欲哭無淚了。幸運地，偷拍成功，安然離開。（2020 年曰：約在 2000 年重遊舊地，這時的兵馬俑已經全面開放給遊客拍攝，回想年輕時的惶恐，更多的是無奈！）

　　聽聞秦陵是在七十年代偶然出土，當時的陝西農民其實因為久旱無雨，愁白了頭，遂決定合力挖井取水，意外發現到震驚國際的兵馬俑。

可憐的是，第一個發現瑰寶的人，收了 1 角 3 分人民幣後，因政府要進行大規模挖掘，導致整條村要搬遷，故此超過 20 年都被村民排擠，甚至要被迫搬到村的末處。原來，由大英雄淪為過街老鼠，只是一線之差，心酸得來更有點心寒。

那年頭，不能留下太多照片，只能多看幾眼，因為旅遊大巴是有時間限制，不得不匆匆告別兵馬俑，再步往隔壁的銅車馬展覽廳。坦白說，馬的神態同車的形狀保存完好，銅車馬的藝術性比較高。

這兒同樣是禁止攝影，但這次就絕對不敢端出相機了，因為在這展覽廳內有多名持槍軍人把守，不苟言笑，我猜應該不是抓攝影的吧，畢竟，銅車馬是彌足珍貴的文物，安保工作自然嚴格得多。離開前，我在小攤購買了一個兵馬俑模型，回家好好保存。

秦始皇先滅六國，然後完成天下大一統，成為中國史上第一個中央集權制的君王，至高無上，一錘定音，僅 14 年亡，早已印證獨裁政權是難以長治久安，可惜今人仍未汲取歷史的教訓。

# 韓風輕輕吹到，
# 悄然進了我衣襟

作者：明士心

世界真細小，中日韓關係微妙而引人入勝。韓國的「去漢化」(de-sinicize)，最早可追溯到數百年前「李氏朝鮮」的世宗大王，之後到上世紀五十年代逐步取消漢字，更在八十年代加速民間步伐……今天可真「物極必反」了，近年韓國街頭不僅隨處可見漢字，有時甚至會被國、粵語包圍，直至「薩德」的出現，陸客數量大減……好了、好了，說回當年今日。

單純為了一個韓文單字，足足花了大半小時，今日實在不敢想像，終於，我登上機場巴士了。其時，不知為何，一個陌生的韓國人向我示意，建議我過去坐在他鄰座，又問我要到哪兒去。

那個韓國男士用盡畢生學到的英語，教我如何抵達目的地，又告訴我該在哪一站下車。為了不打擾我，他交代了一切之後，獨自往後走，到站時才上前提醒我準備下車。頃刻，我感受到甚麼是「人間有愛」，也初次體會到韓國人的熱情。

下車後，我按著剛才韓國人的指點，順利找到 YMCA 青年旅舍。說真的，正門不太起眼，與想像有點落差，但一場來到，還是進內查詢一下。嘩！最便宜的單人房，盛惠每晚 22,000 韓圜，大約相當於 200 多港元，太貴了吧！可是，天快黑了，心忖不如先住一個晚上，明天才轉去青年旅舍。

回房間卸下行李，我便外出走走，酒店附近是捷運站，考慮到明天打算入住青年旅舍，只得前往역삼，於是便乘車前往「역삼」站。難題

又來，要到那個站，我必須轉線，上上下下走來走去，始終找不到另一條線的月台，唯有向車站人員求助。

工作人員帶我先出閘、再購票，然後在另一閘口再進入。怪了！那麼之前買了的車票豈非白白浪費了？內心一片不解，但工作人員的英語不靈光，在語言不通之尷尬下，只能默默地承受了，香港人叫「硬食」。

看一看韓國捷運車票很是迷你，（2020 年曰：大概是悠遊卡的三分一左右的大小，今天的車票當然完全不一樣了）就是覺得不及香港地鐵車票好看，而且車廂則比香港差了一大截，其中一條線居然連冷氣也沒有，像一輛熱狗巴士。

平心而論，韓國人的禮儀只屬一般，只要發現車廂有空位，他們也會爭先恐後，箭步上前，「激烈」情況跟香港相差無幾，唯一不同的是，由下飛機到現在，覺得韓國女生很順眼，大都漂亮、清純。（2020 年曰：很多人覺得今日的韓國女生更美，但我覺得他們不及當年，樣貌也難太分辨）

我來到青年旅舍後，預訂明天來住，選擇了與陌生人一起住的六人房，每張床位只需 5000 元韓圜（約港幣 50 元），很划算。（2020 曰：沒法子網上預訂，當年的旅行者必須親自到飯店付訂金）

辦妥手續後，我乘坐捷運回市中心，在乙支路下車。有趣的是，之前我在住宿的地方取了一張地圖，那人知道我從香港來，於是給我一張英文地圖，但一大堆韓國英文地名令人更加頭痛，故此我靈機一動問取

了日文地圖，上面寫有大量漢字，熟悉多了！（2020 曰：別妄想，當年不可能會有全漢字地圖！）

　　一個年少無知的男生，在乙支路站附近傻逛，想找晚餐，身體又太累，一臉徬徨之際，眼前出現了熟悉的招牌「Kentucky Fried Chicken」，就是肯德基啊！我不想太多，快快衝進去，至少餐單是韓英對照，可用英文點餐，明天再來找道地的韓國食品吧！

　　韓國的肯德基，價格方面跟香港不相上下，飽餐一頓之後，我便逛逛明洞夜市，繁華、熱鬧，特別喜歡漢城的霓虹燈，閃個不停，充滿活力，比香港的漂亮太多。看看手錶，時間不早了，原來韓國正值夏令時間，八點多天色漸黑，打算多走一會便回飯店。怎料，戰爭警號突然響起，人們慌忙走避……

# 小傑傻遊太極國，
## 第一次永遠難忘

作者：明士心

　　三十多年前，韓國擺脫獨裁專制邁向民主；三十年前，韓國人也喜歡湯姆克魯斯和王祖賢，《英雄本色》更是一代人的回憶；三十多年前，韓國中學仍分開男校女校，Orion Choco Pie 見證了經濟起飛。真的，三十多年前沒多少人會夢想嫁給韓國男生，更沒多少人會覺得隨口說「歐巴」是很潮的用語……

　　1988 年 6 月下旬，亦即漢城奧運（首爾前稱）開幕前兩個月左右，筆者第一次出國，目的地就是太極國韓國。那天是星期二，早上 7:30 離開家門口，前往位於九龍城的啟德國際機場，今日這個機場已經成為歷史，不覆存在，無論是戀愛、畢業、工作，第一次永遠是最難忘，這是筆者首次獨自乘飛機及首次從香港機場出發，所以每一個細節仍然歷歷在目。

　　雖然數年前也有一個人外遊的經驗，但全部都是在中國，這次遠赴語言不通的外國，以當時只有十九歲之齡的我來說，實在是一次大挑戰。今日的父母會帶著襁褓的小嬰兒周遊列國，今日十九歲的年青人，可能已經去過很多地方，但在三十多年前絕對是不簡單的事情。

　　當我到機場後，先找到「國泰航空公司」櫃位辦理登記手續，並支付了港幣一百大元的機場稅（那時香港機場稅是另外支付的！），取到登機證時煞是興奮，畢竟是第一次，所有碰到的事物都感新鮮、新奇。

　　10:10 入閘，過關一剎那，入境處職員是翻閱一本厚厚的像辭海一樣的資料簿，過了這一關，我便進入侯機室。登機時間到了，上機場接

駁巴士前往停在機場中間的那部三星客機，登機後才知道原來我是坐在窗口位。

（筆者第一次獨個兒坐飛機，還不知道坐飛機是可以選座位的，真是太天真、太傻，哈哈！）

經過三小時有多的機程後 於香港時間 14:15 即漢城時間（16:15）（時區比香港／台灣快一小時，夏令時間又加一小時）到達。終於、終於、終於，人生首次踏足另一個國度。

那年代沒有廉航，這次的機票行程，香港─漢城─台北─香港，票價 HK$3,330。當年我在工廠工作，月薪也只有兩千多港元，換算成今天的這機票價錢，應該就是二萬港元左右了。）

人生第一次離開吾土，來到當時起飛中的韓國，感覺有點夢幻。踏進漢城金浦機場後，航班同樣停在停機坪的中間，跟離開香港時一模一樣，必須乘坐機場的接駁巴士到機場大樓。

戰戰兢兢的我，完成辦理入境手續之後，檢查過護照及簽證（當年英國屬土公民護照可在韓國免簽停留十五天，但我計劃停留一個月，所以，事前在韓國領事館申請簽證！），便正式踏足大韓民國了，出發吧，小傑！

不是開玩笑，那年代根本沒有中文寫的旅遊書，而剛好我也學了一年日語，能懂簡單的日文，於是購買了日文旅遊書。我拿著這本它懂我而我不太懂它的旅遊書，前往一個我完全陌生的新國家，現在想起來也

覺得是耐人尋味。第一天晚上，計劃到書上介紹的一間位於漢城的 YMCA Hotel，酒店位於鍾路二街。

就這樣，我離開機場大樓找到往市區的機場巴士，看到全是韓文符號的站牌後，便把文字抄下來，再回機場大樓的旅遊詢問處，確認是否坐這路線的公車。出來容易進去難，其實，韓國在八十年代經常發生暴動，加上奧運會舉辦在即，所以，不少重要設施的保安都非常嚴密。

當我打算再次走回機場，居然排隊檢查都花了大半小時，又要檢查所有行季，又要搜身，哈哈，花了大半小時，只是想搞清楚一個韓文單字，現在想起來也忍俊不禁。

走到旅遊辦事處查詢，碰到美麗迷人的韓國女服務員，總算確認到「종로」就是我要去的鍾路，便再一次離開機場，再次走到公車站排隊候車。

八十年代沒有網絡、手機、谷歌，所有都是最原始的味道，當年只有高級飯店才接受預訂，小傑靠著手上略懂的日文旅遊書，大著膽勇闖韓國！光問一個站牌都花了近一小時了，這一趟旅程到底會怎樣哩？呵呵～～～～）

# 終於踏入漢城市中心了

作者：明士心

　　世界真細小，中日韓關係微妙而引人入勝。韓國的「去漢化」（de-sinicize），最早可追溯到數百年前「李氏朝鮮」的世宗大王，之後到上世紀五十年代逐步取消漢字，更在八十年代加速民間步伐⋯⋯今天可真「物極必反」，近年韓國街頭不僅隨處可見漢字，有時甚至會被國、粵語包圍，直至「薩德」的出現，陸客數量大減⋯⋯好了、好了，說回當年了。

　　單純為了一個韓文單字，足足花了大半小時，今日實在不敢想像，終於，我登上機場巴士了。其時，不知為何，一個陌生的韓國人向我示意，建議我過去坐在他鄰座，又問我要到哪兒去。

　　那個韓國男士用盡畢生學到的英語，教我如何抵達目的地，又告訴我該在哪一站下車。為了不打擾我，他交代了一切之後，獨自往後走，到站時才上前提醒我準備下車。頃刻，我感受到甚麼是「人間有愛」，也初次體會到韓國人的熱情。

　　下車後，我按著剛才韓國人的指點，順利找到 YMCA 酒店。說真的，正門不太起眼，與想像有點落差，但一場來到，還是進內查詢一下。嘩！最便宜的單人房，盛惠每晚 22,000 韓圜，大約相當於 200 多港元，太貴了吧！可是，天快黑了，心忖不如先住一個晚上，明天才轉去青年旅舍。

　　回房間卸下行李，我便外出走走，酒店附近是地鐵站，考慮到明天打算入住青年旅舍，只得前往역삼（青年旅舍位於該站），於是便乘車

前往「역삼」站。難題又來，要到那站，我必須轉線，上上下下走來走去，始終找不到另一條線的月台，唯有向車站人員求助。

工作人員帶我先出閘、再購票，然後在另一閘口再進入。怪了！那麼之前買了的車票豈非白白浪費了？內心一片不解，但工作人員的英語不靈光，在語言不通之尷尬下，只能默默承受了，香港人叫「硬食」。也因為這樣便買貴了車票呢！

近年重臨首爾，現在轉車是非常方便，也有清楚的圖標，還有中文的指示，非常方便，其實當年應該也有通道可以通過的，只是找不到，車站人員也懶得為我尋路吧！令我損失了部分的車資，這是語言不通的樂趣，也是語言不通的麻煩，凡是有優點，也有缺點，就是如此。

# 初登先進台灣，
## 已經緣定終生

作者：明士心

這年這月這日，永世難忘。1988 年 7 月 9 日，終於來到了——台灣。「別停下腳步，所有美好的不期而遇，都在路上。」這是一直以來在旅途上的想法。

當天下午，懷著依依不捨的心情，離開韓國首都漢城，即今天人們所稱的「首爾」，結束近一個月的韓國之旅，印象難忘，之後，我便馬不停蹄展開這趟旅程的第二個國家行程。當然，與韓國之遊一樣，我仍然是孤身上路，一個人在途上。放心，筆者已在另篇與大家分享當年的韓國之旅！

那年是 1988 年，當年去旅遊，除非是富貴人家出外，才會預先訂好酒店，像我這樣的自由行，亦是現在網民所說的典型「窮遊」，每一天都是「見步行步」！要知道，那時候莫說上網，就連手機也沒有，每一天、每一刻、每一步同樣是挑戰。恰恰是這樣子，我們那年頭的旅遊反而更加刺激，呵呵！

記得國泰航班的班機，於這天的晚上八點抵達中正國際機場。步下客機的一剎那，實在驚嘆中正國際機場之宏偉，畢竟位於九龍城的啟德國際機場的確很迷你，地方太小看上去總是人山人海，一不小心也會撞到其他人。機場除了夠闊夠大之外，由飛機閘門前往入境大堂時，竟然設有電動步道，而香港著名大商場海港城當時也短時間擁有過！（這種自動步道，今天當然不算什麼！）

　　走進入境大堂之前，我先去洗手間小解，發現機場的男洗手間尿兜，竟然是用自動感應沖水，令我大開眼界！你們就當我是大鄉里出城吧，我不敢說當時香港沒有自動沖水設備，但至少我在香港還沒見過，甚至乎在韓國的近一個月旅程也從沒見過，可見寶島早已走快一步。

　　在入境過關時，我拿出我的護照及入境證，台灣海關官員用掃描筆掃一下我的入台證，在電腦屏幕便能顯示出所有個人資料，這一情景令我目瞪口呆。原來，這個美麗的台灣，三十多年前已經如此的先進，海關關口早已採用電腦化設備，加上洗手間的自動沖水，一時間給我帶來巨大的衝擊。

　　（當時的香港出入境櫃位，入境處職員仍然使用舊式方法查資料，那就是像翻電話簿那樣，一頁一頁的翻，所以看到台灣人在科技上的日新月異，直呼嘆為觀止！）

# 慘！上錯了火車怎麼辦？

作者：明士心

上世紀八十年代是台灣經濟增速最快的時期，失業率低至 1.5%，1982 年開始發行第四套橫式新台幣，後來戒嚴令解除，民主化新浪潮來臨……我在 1988 年首次踏足寶島大地，也就是說，剛巧身處時代的分水嶺。

這是我第一次到訪台灣，搭乘台灣的火車時已過了午夜，列車往南繼續走，不少乘客依然筆直的站著。當然，景象跟前幾年在中國見到的髒亂情況完全不一樣。第一天最難忘的是，列車長前來查票的時候，才知道自己上錯了列車，原來我上了復興號，不是我所買的莒光號，怪不得剛才好像是提早開動，那該怎麼辦？

緣分很難解釋，上天也待我不薄，即便登上了錯誤的列車，也能到達我要去的高雄。萬一到了不是我想去的地方，或者突然被趕下車，可能我對台灣的印象會有 180 度的轉彎。差不多忘了時間，直至火車經過彰化，這個座位的乘客終於來了，看一看時間，已是凌晨 3 點。既然是我買錯了票，當然要起來，「位」歸原主。

起初，有點狼狽的我，還以為要站到天亮，殊不知張望遠處，赫然發現不少乘客在彰化下車，後面也有一些空位，本來站著的人也陸續散去。當火車迫近終點站時，車廂內愈來愈人煙稀少，身旁的乘客也下車了，呵呵，一個人霸占兩個座位，挺舒適喔！

回想起來，整個車廂上的台灣人，不管是男男女女，也穿得新潮時尚，實在與香港差不了多少，也遠勝當年中國的鄉土味。而且，台灣年

輕人也喜歡戴 headphone 聽 walkman，也許都在聽當年流行的國語歌、英文歌或日文歌……記得列車上的售貨員，推著小車在售賣東西，禮貌彬彬，對台灣又增添了幾分好感。

台灣的火車座椅非常舒適，好不容易便會墜進夢鄉，儼如身在飛機，更可往後靠，連香港的火車也沒有！（這種椅子在三十多年後的今天，已是到處皆有！）

清晨 6 點左右，火車到達目的地，天色已亮。步出車站後，我已來到新地方，與所有旅行者一樣，第一件事當然要找住的地方，放下背上沉重的擔子。

今天，人們去旅行首先會去購物中心，減輕錢包的重量，但我們當年卻絕不可以。多年來的旅行經驗告訴我，火車站附近一定能發現旅店，台灣也不例外，四處走走，拐進內街，看見一條河，有點兒像香港的城門河，找到一間名為「華賓旅館」。

門口寫著休息 NT$150、住宿 NT$250 的牌子。那一刻，心忖，怎麼台灣的旅店那麼貼心，設有「休息」服務，難道是配合火車乘客的旅店，可以在開車之前稍作休息？問問旅館的服務員，她說休息是三小時，於是計劃如果走累了或者等待下一班列車之前，也可這兒小睡一兩小時！

（初生之犢，年少無知，後來當然知道什麼叫「休息」，那就是香港的「時鐘酒店」嘛！）

# Cherry Coke 是我的最愛

作者：明士心

　　我很喜歡鄧麗君的歌聲，八十年代有一首歌名叫《獨上西樓》：「無言獨上西樓，月如鉤，寂寞梧桐深院鎖清秋。」如果當年我都買了walkman，一定會在台灣邊走邊聽。

　　前文說到我已經到達高雄，四出尋找地方安頓下來，「華賓旅館」的接待員溫柔的說，$250 的房間已客滿，只剩$350 的房間，當時折算大概是 100 港元一晚，貴了一點點，超出我的預算。聽罷，我在附近多走一會，發覺差不多價格的旅館同樣客滿，那麼今天就算了吧！安頓下來，再想辦法彌補赤字。

　　房間擺放了有一張敞大的雙人床，還有電視機及個人洗手間( 浴室 )，感覺不錯，絕對比中國旅行時好得多，價格當然也不能同日而語。畢竟，剛才通宵坐火車，一直是半夢半醒，我放下了行李，躺在床上，閃電倒頭大睡。

　　日上三竿，香港人可能覺得浪費了半天，但我一直睡至 13:30，起來、梳洗，外出「探險」。漫無目的地隨處走，我看到馬路上的汽車及機車亂飛，好像不太會看紅綠燈的樣子，所以我幾乎是不敢走過馬路。

　　當時我沒有鎖定甚麼星級餐廳，只要在路上看見 Seven Eleven 便利店，便會進去吃一頓，最大發現竟然看到焓蛋( 後來知道叫茶葉蛋 )，還有麵包、熱狗等，而且冰箱的飲料是七彩繽紛，比香港的多得多，更有我最愛的 Cherry Coke，好極了！(1986 年香港曾出產罐裝 Cherry Coke，銷情欠佳，翌年停售)

　　隨便吃飽了，我發現遊戲機中心，便愉快地進去打電動（這種行為今日會被稱為廢青），後來還有一位年輕台灣人說一起玩，玩了三十大元，我們一起「雙打」《1943》等遊戲，也告訴他我是由香港專程來台灣打電動的，他一臉難以置信！

　　離開遊戲機中心後，我走進一間大百貨公司，名字叫作「統大」，內裡有點像韓國的百貨公司，服務小姐穿得華麗漂亮，樣貌迷人，但似乎不及韓國姑娘的笑容，我在這裡買了幾份地圖（網絡世界還未來臨，而且要在香港買台灣地圖也不容易。）

　　後來，我回到火車站附近的快餐店「儂特利」吃晚餐，漢堡並不太好吃，又花了$100。或許年輕人新陳代謝太快，晚一點時發現還有點餓，我再到火車站對面的小餐廳吃了雞腿飯，$45 太劃算，便宜很多。

　　肚滿腸肥的我，慢步走回旅社，向接待員查問一下如何前往佛光山等旅遊點，之後她還親自帶我前往公車站，告訴我該坐那些路線。如果她再漂亮一點、豐富一點，我一定會嘗試展開一段浪漫的異國情緣。

　　《獨上西樓》就是李煜的詞：「剪不斷理還亂，是離愁，別有一番滋味在心頭。」我在台灣確實是百般滋味，但最奇怪的是，內心卻沒半點離愁。

# 倫敦的地下鐵

作者：許思庭

很多時候香港人如果要到歐洲旅行，英國不會是必到的國家之列。因為論買名牌產品，要比意大利、比法國價錢貴。論著名景點，又似乎不及其他歐洲國家的名氣大。論食物？很多人的印象仍然是停留在「炸魚薯條」，亦聽過不少人說英國很「悶」。

英國每個地方其實各有不同特色及歷史文化背景，雖然我並未走遍整個英國，希望分享在倫敦的生活體驗讓你有興趣到此一遊。

在倫敦生活交通上主要有地下鐵、公車、單車、計程車及走路。當地生活費不便宜，如果行走在 30 分鐘路程之內話，對我來說是可以接受範圍。單車也一個不錯的選擇，但倫敦不會太多路預備了單車道，要有不錯的單車技術才行。以我的經驗來說如果上班及上課的話，乘坐地鐵是比較好，公共塞車問題相當嚴重。

倫敦的地下鐵（London Underground）網路比香港及台北的捷運都要複雜很多很多。一圈一圈的包圍起來共九區。這樣的發展似乎是倫敦由核心第一區外圍開始住外發展，所以「第一區」就是倫敦核心位置。

英國的權力核心國會 Westminster、大笨鐘及英國皇室成員的住處「白金漢宮」就是第一區的中心位置。高級名牌總匯的消費區 Oxford Circus、百老匯式歌舞劇文化區 Piccadilly Circus、銀行金融區及大英博物館等等，全都集中於第一區及第二區之內。

　　當您第一次去乘搭倫敦地下鐵要有心理準備，與香港的港鐵有天淵之別。因為倫敦的地下鐵從十九世紀已經開始運作，所以第一及第二區很多列車是沒有冷氣的，車站當然更加是沒有，很多甚至連電梯都沒有。

　　車費不便宜而且無緣無故誤點班次，停留在車站月台又沒有相關廣播原因，甚至會有罷工情況出現。最慘痛一次經歷是平常大約只十分鐘的班次，那次等了二十五分鐘以上仍未有列車到站。

　　如果你見到售票機有人投幣買一張單程車票的話相信他很大機會是遊客。其實如果是遊客通常活動範圍在第一及二區，所以買一種類似香港的八達通或台灣的悠遊卡的儲值卡片 Oyster Card 就最好不過。好處是每天的扣款設有上限。如果活動範圍只在第一及第二區，每天只要乘坐三趟就可以回本。又比如，你每天乘車次數較多，令當天的累計車費達到這個上限時就不再扣錢，即是說當天餘下的車程可以免費。

　　你可能會問如果我來旅遊住在第三區或以外怎麼辦？如果你跟我說要到第六區的話，除非你是去探望住在該區的親朋戚友，因為沒有「景點」可言。亦有可能你會說第三區的旅館房租比較便宜，但是如果當你要到第一及第二區的交通費卻是很驚人，而且地下鐵的班次很不穩定。如果遇著英超的足球賽事完場令交通出現擠塞，相信你會很後悔住在第三區或以外的區域。

　　還有倫敦的地下鐵是可以飲食的，夏天緊記要帶水，車站很悶熱，沒有水是很難捱的，所以站內職員會廣播提醒乘客要多喝人。喝水之餘要記著，絕大部分的地鐵站沒有洗手間，敬請留意。

# 英式飲食文化

作者：許思庭

　　英國人於飲食文化方面，我個人認為沒有一般人所說這麼差、選擇及變化少等等。根據當地生活經驗來說，主要是要看看您口袋有多少錢。當然要是找到 CP 值比較高的美食，我也希望可以跟大家分享一下。

　　一般英國人早上都是匆匆忙忙，早餐方面簡單來一說，一杯乳酪（台灣：優格）配一些新鮮水果，再簡單就是麵包配果汁就可以了。

　　至於聞名於世的「英式早餐」，如果您問我那一間比較名氣大呢？通常名氣大的服務員的態度是比較惡劣。其實只要從一些非連鎖式的咖啡店舖外看到有很大個「English Breakfast」的標誌，那些多數水準不俗。英國人星期一至五都比較忙，很多時每逢周末，才會去享受傳統的「英式早餐」。

　　至於午餐很多時都吃得比較簡單，主要以三文治為主，所以當地的三文治口味千變萬化，每間店也各自有特式，但忙碌的生活，很多人寧願選擇超級市場或小食店冷凍櫃內冷冰冰的三文治。如果到餐廳很多時候都會遇上馬鈴薯（台灣：土豆），這是英國人的主食，煮法多數是烤焗或薯蓉（台灣：土豆泥），香腸土豆泥(Bangers and Mash)及肉餡馬鈴薯餅，這兩款都傳統做法的美食。

　　還有在英國街道上比便利店出現密度還要高的是 PUB，這是甚麼呢？英國的酒吧稱作 Public House，俗稱 PUB。在店外看真的好像一間酒吧一樣，其實是英國人最喜歡到此吃飯及喝啤酒聯誼暢聚的地方，所以就算小朋友都會到 PUB 吃飯。PUB 大部分都會有自家特色的燒烤牛肉

（ROASTED BEEF），而英國人每到下班時間之後，很喜歡三五好友在PUB 門外，一邊喝啤酒，一邊聊天，英國人愛喝啤酒的程度我認為絕不比德國人低，只是口味及創新變化不及德國。英國的啤酒口味可以說是非常沉悶的，來來去去都是 Cider、Lager 及 Ale......

不得不提的是傳統英式下午茶，為何英國人需要下午茶時間呢？因為他們午餐不習慣吃得太飽，所以午餐到晚餐之間就加插了下午茶時間。

傳統英式下午茶是三層的，吃的層數也有次序，從最底層的三文治先開始吃，最後才吃甜點，大家敬請注意。

英國人是花很長時間在晚餐方面，因為他們認為辛辛苦苦一整天，所以要坐下來好好享受一下晚餐，所以很多時候晚餐都會比較豐富，而且晚餐用餐時間超過兩小時也很平常。

還有如果不喜歡花太多時間煮菜做飯呢？烤箱就是好幫手，英國的冷凍食品種類千變萬化，一個烤箱已經可以令你變成一位大廚師。

非常值得推薦的是香港也有分店的「M&S」，價錢方面比香港便宜很多，還有冷凍食品水準出色，但價錢對我來說仍是偏貴了一點，但只要有心耐性及運氣好的話可以找到一些就快到期的食品，既不會造成浪費，也可以得到非常優厚的折扣。

還有英國也有不少將外國的飲食文化加入英國「特色」，至於味道如何？那就真的見人見智。個人分享的是英式印度咖哩，香料味道不會像印度傳統的那麼重，配料可以保留原味，味覺層次會更分明。

# 暢遊泰晤士河

作者：許思庭

泰晤士河 Thames River 其實是非常之長，全長達 346 公里，很多人的印象就是倫敦的西敏寺（Westminster）兩旁的部分，其實是遠至牛津、雷丁及溫莎的部分。

如果來到倫敦旅遊的話，我十分建議第二天要乘坐遊船暢遊泰晤士河。原因是可以欣賞到分布於兩岸的著名景點，一邊欣賞，一邊還可以決定是否以後再到這些景點遊覽，或許說不定會有更多的發現！如果不去的話也可以拍照留念。

建議是從西敏寺（Westminster）的碼頭，Westminster Bridge 旁邊乘坐泰晤士河遊船 Thames River City Cruises 出發，終點是格林威治（Greenwich）。很多人去到碼頭的時候會煩惱到底買來回船票還是單程呢？

其實格林威治的皇家天文台及博物館也是很值得一遊的，我們經常看到 GMT，全名就是 Greenwich Mean Time（格林威治標準時間）。遊覽完畢還有其他方法可以回到倫敦的市中心地區。

出發從西敏寺（Westminster），未開船之前，大家都應該會不停拍照，因為旁邊就是著名的 London Eye 摩天輪，還有船上是拍攝國會大廈（House of Parliament）、西敏宮（Palace of Westminster）及大笨鐘的好位置。

當開船不久會穿過一條銀色很有線條力學現代感的橋，那條就是千禧橋（Millennium Bridge），很有印象的是只要遇上刮大風時走在橋

上的搖擺程度真令人吃驚。從千禧橋方向還可以望到一個宏偉大圓頂建築物，那裡就是聖保羅大教堂，是一個可以眺望倫敦市區的好地方。

不過大家也不用擔心，觀光船上有導遊用英文沿途介紹兩岸的景點。就算你的英文聽力一般，但有個時段你一定會聽明白，因為當船經過倫敦橋（London Bridge）的時候導遊會唱起兒歌「London Bridge Is Falling Down…」。

再往前行駛不久就會看到在一條很古典的吊橋配上粉藍色的鋼纜，這裡就是倫敦塔橋（Tower Bridge），旁邊就是世界遺產之一的倫敦塔（Tower of London）。

來到這裡會停泊在倫敦塔碼頭（Tower Pier），當然你可以選擇離開去倫敦塔觀光。

你會發現對岸的摩天大樓林立，極富現代大都會的地區，那裡就是金絲雀碼頭（Canary Wharf），從前是一個廢棄的舊碼頭，現在經過改建及發展，已經成為「潮人」去消費的新商業區，但消費方面也沒有倫敦傳統消費區的那麼嚇人。

觀光船再往前駛一段時間就會進入終點站格林威治（Greenwich），那裡的碼頭有一個小小的市集，售賣當地手工藝品及食品，有些產品是當地農夫自己定製的，價錢便宜又新鮮，例如：蜜糖、果醬、蘑菇醬、農夫麵包、果乾等等，好值得多多支持。

　　來到格林威治要有一個溫馨提示，走路的時間比較多，但人不多，車更加不多，走累了可以在公園長椅坐下來休息，不時還會有小松鼠走過，感覺相當之寫意。

# 倫敦博物館導賞

作者：許思庭

在英國倫敦生活的時候，如果地點相近的話，我很喜歡約朋友在博物館的大堂等。原因是博物館大堂相當寬敞，很有空間感，而且有冷暖氣供應，還可以看看近來有甚麼主題展覽。假如朋友遲到，更加可以進入博物館內一邊參觀一邊等。最重點是英國絕大多數的博物館都是免費的，有時候館內有些特別的展覽可能會另設入場費。

大家可以放心就算是舉世聞名的「大英博物館 British Museum」都是免費。據說館藏超過 800 萬件，當然地方有限，所以有大量的珍品並沒有公開過，英國一個歷史久遠的博物館從 1759 年開放至今，與時代一同不停地變更，步伐從來沒有停下來過。假如身在大英博物館中，你絕對不會感到老舊，反而是一種蘊藏著歷史旋律把你包圍著。

目前分為十個研究和專業館，其中有三大館我個人覺得是不能錯過的，分別是：

● 古埃及和蘇丹館——四大文明古國之一，是遠古人類文明發展的重要歷史遺跡。其實埃及方面曾經要求過英國歸還這些歷史文物，但英國政府以能夠更有效「保護」文物為理由拒絕。事有湊巧，之後埃及當地的博物館被武裝恐怖分子入內破壞，很多文物被損壞至不到修復的地步。而大英博物館中的木乃伊藏量亦都是相當「豐富」。

● 希臘和羅馬館——這方面是藏品最多、最全面的博物館之一，共有超過十萬件文物，所以這個館同樣是絕對不能錯過，錯過了要回頭

再看過，然而這些文物大多發現於古希臘青銅時代。見證了歐洲人類文明及文化發展最百花齊放的時期，是真正人類文明及思想上的開端。

● 亞洲館──最值得欣賞的是中國古董及印度有關佛教的文物。有些中國的青花瓷器體積之大已經在拍賣市場難以見到，可想已知是無價之寶。印度的喇嘛坐像寶相莊嚴，此等工藝已難以復見。

此外，同樣是位於倫敦市中心的 National Gallery （國家藝廊）名氣不及大英博物館，但有著豐富及驚世館藏，更重要的是英國政府相當「佛心」是免費入場。驚世之處就是館藏大量有關達文西宗教的作品，除最聞名的「蒙羅麗莎」之外，其實很多作品亦都充滿神秘寓意。另外，米基朗開羅有關聖經故事的畫作「法利賽人試探耶穌」，亦相當值得欣賞及深思。

有關畫作方面的作品，大部分是希臘神話的作品為主。

館內油畫方面以 18 至 20 世紀畫作最耀眼的就是梵谷及莫內的畫作。莫內作品更加是 1883 年後搬到吉維尼後的花園及水仙池的光影無限變化創作出不同感覺的花園景象。

如果家長與小朋友親子同行，相當推薦要到自然歷史博物館（ Natural History Museum ）及科學博物館（ Science Museum ），是非常豐富及可以有各種題材的課外活動可以讓小朋友「大開眼界」，同樣地亦都是免費入場的。

　　我個人有一個小小的習慣，免費使用了館內的設備，投入少許零錢捐款以作支持及一點心意。

# 牛津大學一日遊

作者：許思庭

很多人到英國旅行都是首先以倫敦希斯路機場為第一站，從香港到倫敦經歷了十二小時長途航班的旅程，相信一般人都會感到很累了。

自自然會選擇倫敦作為第一個英國旅遊的地方。識玩識食的香港人很多時候不到四至五天便會心思思想到倫敦以外的地方玩了。說實在要玩遍倫敦主要景地點及感受當地不同的生活文化與美食，我想至少要二十天到一個月時間才勉強足夠。

為什麼？因為有很多不同大大小小、不同型式的市集於每個月或每個星期都有不同營業時間，很多更各具特色，非常值得逛逛。此外到倫敦觀看百老匯歌劇也是相當難得的體驗，更是絕對不容錯過，但卻要遷就場次、票價及時間等等。不想走馬看花的話就要先想想自己的喜好再分配時間比較好。

對於來到倫敦的朋友，假如帶他們「一天遊」的話，很多時候大家都會選擇到「牛津」，就算是無緣在牛津讀書都希望到這個人傑地靈的地方感受一下當地的文化氣氛。

從倫敦到牛津的方法很多，但千萬不要貪便宜坐超廉價通宵班次的雙層巴士，原因只可說是去旅遊不要為省一點點錢而辛苦了自己。

牛津大學並非是一所圍起來的大學，可以說是一個大學城，由很多所不同的書院組成。大學不同的校區會與城鎮建築互相融和連在一起，所以有「Town and Gown」說法。

　　這個大學城如此大，如果一日遊「必到」的大學氣息景點，我信相絕對是「基督堂學院 Christ Church」。學院裡學生用餐的餐廳 The Great Hall 與電影《哈利波特》經常出現在魔法學校裡，學生與教授共同用餐的場景極之相似，不過 The Great Hall 並不是電影實際的拍攝場景，最大的分別是餐桌的數目已很明顯地不同，不過學院各個角落都散發著濃厚的霍格華茲氛圍。

　　不知道是否因此這所學院的名氣實在太大了，所以進入學院參觀是要收取入場費的。我建議是早上比較人少的時候去參觀為好，萬一遇上遊客太多，加上大家七嘴八舌的噪音，真的會令人感到十分掃興。

　　其次要到的景點就是「Alice's Shop」，《愛麗絲夢遊仙境 Alice in Wonderland》的作者 Lewis Carroll 就是牛津大學基督堂學院 Christ Church 院長，而這個經典故事靈感就是來自他的二女兒 Alice，所以 Alice's Shop 內不單有相關的周邊產品發售，更有咖啡及甜點。

　　牛津出版社相信很多人都聽過，如果是書迷的話，好自然要到「牛津出版社」的實體店參觀及購物，折扣絕對是你意想不到的優惠，而且有一些較「冷門」的書籍都可以在此找到。

　　一天行程累了，找個地方休息一下，感受一下這份牛津的學術氣息，大學公園絕對是一個好好的地方，整個公園占地約 70 英畝。園內有一坐很富有現代感的建築物，那裡是「科學園」，有開放給公眾的範圍可供參觀，慢慢地走過了花園區後，我想差不多一天的行程快要完結了。

　　回到倫敦的路程比到牛津的長，想要回到倫敦吃晚餐的話真的要留意時間，很多人都會問，一天足夠走遍牛津嗎？當然是不可以吧。要否多留一天？那就真是很個人的選擇。

# 摘星奇緣 Notting Hill
## 尋寶之旅

作者：許思庭

　　倫敦一個非常著名的景點 Notting Hill，本來是當地人才喜歡來逛的地區。如今已成為自由行在倫敦必到的景點之一。

　　最主要原因是 1999 年上映的電影《Notting Hill》（香港譯：《摘星奇緣》，台灣譯《百分百新娘》），當時由兩大國際巨星 Julia Roberts 及 Hugh Grant 主演男女主角。故事講述「文藝中年」Hugh Grant 在 Notting Hill 開了一間小小的旅遊書專賣店。這位書店老闆個性單純，整日就是日復一日經營書店 像是不理會 Notting Hill 以外的事情似的。

　　有一日電影中飾演一位大紅大紫的國際女影星的 Julia Roberts 走進了這一間書店買書，Julia 很驚訝眼前的店主 Grant 竟然不知道她是誰。如此兩人展開一段從友誼發展到情侶的關係。

　　超過二十年前的電影如今都仍然很多遊客要到當時拍攝的書店的位置「打卡」留念。另一方面英國人又為什麼都愛到 Notting Hill 呢？主要是這裡有一個很著名的市集 Portobello Road Market （波多貝羅路市集），主要是以二手貨為主及農產品的市集。雖然是二手，但很多是實用兼有古董價值的東西。

　　首先要到 Notting Hill 真的是相當簡單，坐地鐵到 Notting Hill Gate 站就對了，出口 3 及 4 會註明是 Portobello Road and Market，所以基本上不會找不到，跟著人潮走不會有錯的，市集一般每天都有開放，週六是最最熱鬧的。

市集最主要分為二手古董、農產品、小吃、紀念品及服飾等等。要來「尋寶」的話，如果您是喜歡英式瓷器碗盤或銀器的朋友就簡直進入了寶藏一樣。

至於古董方面，很多已經停產的舊式手動照相亦可以在此處尋找得到。

我經常到市場裡面的一家二手航海用品專門店，店內的航海用品全部都是古董，每件均有百年歷史，是當年英國人四處開拓新商場，了解世界航海史上用的工具。最後我在店內買了一個古董伸縮望遠鏡，價值只要$20 英磅，經過店主維修之後，可以作日常之用，也可作收藏品。

電影講述的旅遊書店作為故事藍本的其實也確實存在，而在市集亦內有很多二手書的攤位，一些超過百年歷史的古典英文典籍也不難現。

很多人會問這些攤位的物品絕大部分都沒有標明價錢，那麼議價空間大嗎？英國人不太喜歡花太多時間議價，如果店主認為你有誠意或者是「知音人」就會有較大的議價空間。

「尋寶」尋到肚子餓了建議到旁邊的 Borough Market「波羅市場」，它是倫敦必逛的平價美食市集。位置不難找，相信我吧！食物的香氣會將你牽引過去。不過緊記開放時間為星期一至星期六，但星期一及星期二只有部分市集開放，建議出發前還是先上官網了解最新營業時間比較保險。

　　單是 Notting Hill 已經可以花了大半天，在此不能盡錄更多特色商店，餘下來就要靠你自己去尋找及發現，這樣也是旅行的樂趣之一。

# 貝克街 221 號
# 尋找福爾摩斯

作者：許思庭

　　比較英國文化實力之中其實以文學方面最為突出，單單是莎士比亞的四大悲劇，即莎翁的四部悲劇作品《哈姆雷特》、《李爾王》、《馬克白》和《奧賽羅》至今仍然是經典，舞台劇或音樂劇，仍然是經常出現於不同國家，不同地區上演。

　　他是英國文學史上最傑出的戲劇家，也是世界最卓越的文學家之一。想了解更多有關這位文學巨人的故事，可以到位於英國倫敦泰晤士河河畔莎士比亞環球劇場參觀。

　　莎翁的作品屬於古典文學的類型，而本篇要介紹的倫敦景點主人翁是比較「貼地」的文學作品，而且創造出一個傳奇人物，他就是名偵探「福爾摩斯」。

　　「福爾摩斯」是英國作家柯南道爾所著偵探小說《福爾摩斯探案》中所設定的人物，全名「夏洛克福爾摩斯」，其寓所及偵探事務所地址是倫敦貝克街 221 號 B 棟 2 樓，其實小說連載的時候不存在這個虛構地址，直到 1930 年才成為可用地址，剛開始時是一家金融機構設於上址。因此導致該公司職員經常都會收到指名給福爾摩斯的信件，大部分都是希望福爾摩斯幫忙破解一些奇案。

　　倫敦地下鐵到貝克街站(Baker Street)，只要你一站出車廂就會發現到四周都會出現福爾摩斯含著菸斗、戴上獵鹿帽的身影。

　　現在的貝克街 221 號 B 棟，已經真正成為福爾摩斯的地方！福爾摩斯博物館（The Sherlock Holmes Museum）

　　絕對是偵探小說迷來「潮聖」的地方。特別注意的是博物館有入場人數的限制，但到來潮聖的人太多，博物館門外因此經常出現人龍，所以要預留時間來排隊。入場是需要先前往櫃台購買門票，才能進入博物館。

　　如果本身沒有看過小說或不太喜愛福爾摩斯的朋友，建議進入紀念品店逛逛就好，畢竟這門票是需要另外購買也不便宜。室內很多場景及布置都是根據原著的細節去做的，如果你是福爾摩斯的粉絲，走進二樓的時候，就會好像華生當時候第一次來到 221 號 B 棟的時候，他所形容的環境百分百呈現在你的眼前。

　　來到二樓公寓門外會見到一份報紙，請不要拿掉啊。原著是房東每天都會將報紙放在福爾摩斯門口，雖然這好像是很平常，但其實小說中不只一次提到，福爾摩斯喜歡閱讀報紙，多次因為看到報紙的社會大事，預感警察廳會上門拜訪協助破案，甚至從報紙刊登廣告中觀察破案。

　　房間的設計是十九世紀的，是福爾摩斯設定的，客廳內的壁爐到現在都還用屏幕播放著熊熊的烈火，好像仍然在燃燒。通常壁爐旁都會有一個鋼火鉗，而這也寫在小說之中。

　　為何很多人都覺得真有福爾摩斯其人呢？主要是因為華生，他除了是醫生之外，也是福爾摩斯德力助手，幫助記錄福爾摩斯推理情節的人。每個故事絕大部分是從華生的視角來敘述的，並有偵探精彩活動的總結。

# 巴黎地下鐵

作者：許思庭

　　旅遊書、旅遊節目、旅遊部落格等等，很多時候都是把最美好的一面顯示在你眼前。旅行應該是要讓人感到快樂及帶來滿足感的。可是注意自身安全也是十分重要。第一次到法國巴黎是從英國乘坐歐洲之星，入境之後發覺車站比想像中老舊，到巴黎之前已經計劃好部分行程，反正有三至四個月的時間，所以不用心急，可以慢慢再去安排，還是首先了解日常生活的問題，這個當然是交通。

　　老實說巴黎的治安不太好，很多流浪漢及無業遊民在街頭，強烈建議大家在出發前的一晚，先將景點及會坐到的地鐵站做好筆記，並將會前往的站名、幾號線、轉車順序等記錄在手機，還要有回程時的後備方案，那就不用到了現場才開始手忙腳亂地翻閱地鐵路線，因轉換的路線很密集，比倫敦地鐵更複雜，避免在人潮眾多的地鐵站裡研究地鐵路線，很容易被「有心人」一眼看穿你是遊客，而對你進行搶劫、欺騙等事件，好好保護自己的人身安全是最重要的。

　　要在巴黎地鐵站之間穿梭自如，隨身一張巴黎地鐵路線圖是必備的。一種是收起來可以摺得很小、方便隨身攜帶的路線圖，另外一種則是比較大張、附有市中心各大景點的地鐵觀光路線圖，這一種不太方便，要景點資料的話，智能手機已經可以代替得到，這兩種地圖都是免費的，可以在地鐵售票櫃檯向服務人員索取。

　　首先要了解的是小巴黎第 1 圈和第 2 圈，跟倫敦地鐵有一點相似，就是絕大部分巴黎必去觀光景點都在這兩圈之中，除了我認為是必去的景點「凡爾賽宮」屬於巴黎地鐵的第四圈。例如：楓丹白露宮或巴黎戴

高樂機場在外圈，需要特別注意搭乘的交通。我們一般說巴黎有 20 區，這個「區」指的是行政區，1-20 區都在搭乘大眾運輸的 1-2 圈內，亦即是「小巴黎」的範圍。

單單是第一圈和第二圈內搭乘地鐵行程已經相當精彩。從 1900 年運行至今逾百年的巴黎地鐵，部分線路有些老舊，甚至車廂的門需要自行轉動或按按鈕才能打開！到 2018 年為止，用巴黎地鐵遊覽主要景點如羅浮宮、協和廣場、香舍里榭大道、巴士底廣場等等，只需乘搭 1 號線（M1）便可通通到達，即是安排在同一天就可以很輕鬆。

你可能會想到，整天不停要去坐地鐵，每次都要去買票會很麻煩，會不會有全日票？

當然是有的，旅客適合買日票或週卡 PARIS NAVIGO PASS，不過要留心的是從一週的開始星期一算起，所以週票是從星期一開始計算到星期日，假使你星期二或星期三儲值的效期也只到星期日，越晚存越不划算；同樣地，月票就是當月第一天起，其中不管什麼時候存就是只能用到當月的最後一天。

Mobilis 一日票可以根據你所選擇的圈數，無限制地在一天內搭乘巴黎大眾交通，包含巴黎地鐵 Metro、公車、RER、Transilien 火車、Tram 路面電車等。

票價亦可以跟據不同的地區及範圍去選擇，這樣可以省回不少金錢。

# 日落巴黎驚魂記

作者：許思庭

　　法國巴黎被世人稱為浪漫之都。巴黎最具代表性的建築物之一「巴黎鐵塔」絕對是當之無愧。既然來到巴黎，當然要近距離一睹這個宏偉及舉世聞名之作。

　　計劃行程有三個要點：

第一：那個地方是欣賞巴黎鐵塔的最佳位置？

第二：交通方面的問題？地下鐵的路線問題。

第三：那個時間去欣賞巴黎鐵塔比較好呢？

　　經過研究之後，首先交通方面地下鐵已經是很方便就可到達這些重點的旅遊區，問題是反而選擇那個站下車比較好。結論是巴黎第 5 區從地鐵站「萬神殿 Pantheon」出口處就會發現巴黎鐵塔的蹤影，這裡有一個小型的看台，可以從一個比較高的位置，距離剛剛好，看到整個巴黎鐵塔。還有就是可以沿著旁邊的長樓梯慢慢走下去，那是一大片綠油油的草地，而這片面積以公頃計算的草地廣場就是「戰神廣場」。再穿過壯闊的戰神廣場就可以到達巴黎鐵塔身邊。

　　甚麼時間去可以欣賞到巴黎鐵塔的不同景致呢？因此下了一個很貪心的決定，接近黃昏的時間去到，只要等一下可以看到黃昏日落，再多等一下，日落過後日幕漸漸低垂，整坐鐵塔亮起點點燈光，真的美得不知道怎樣形容，很多人都會很寫意地坐在草地上，靜靜地等待亮燈的一刻。心滿意足地欣賞過後，問題就來了。

　　本來計劃的行程十分完善，古語有云「人算不如天算」。當天是巴黎的五月天，原來日落比平常慢長，要等到黑夜來臨，巴黎鐵塔亮燈已經是晚上九時。

　　離開戰神廣場，回到巴黎的大街小巷，就變成另一片光景。晚上九點對於香港人來說才是剛剛開始夜間活動的時候。對於法國人來說已經是回家休息的時間，所以大部分的店鋪都已經關門，變得冷冷清清。可是越接近地鐵站情況就變得不一樣，到過巴黎的朋友都會發覺非洲裔人士及北美小數族裔人士比例相當之多，街頭很多黑人一群一群的聚在一起。

　　日落之後的地鐵站變了另一回事，很多非洲裔人士群聚叫囂，歡呼起舞及互相推撞，更有一些流浪漢亦聚在一起抽煙，令環境變得品流複雜及污煙瘴氣。

　　他們有些是在附近販賣巴黎鐵塔紀念品的人，當看到你貌似遊客更會群起圍著你要求你買紀念品。聽說有些女士曾被近十個非洲裔大漢圍著叫你買紀念品，嚇得花容失色，一邊哭，一邊拿錢出來，再拼命離開人群。

　　幾經艱苦終於走到地下鐵站，感覺上稍為安全一點，因為巴黎的地鐵站除非是好像「羅浮宮」站這類比較重點的觀光車站，其他車站都是很陳舊，基建破破爛爛的，有些站內隧道會飄來陣陣「異味」。

　　地鐵站內晚上會有比較多手持輕機槍的軍人在巡邏，所以感覺安全良好。幾經波折終於上到地鐵。驚魂甫定本以為可以平平安安回到酒店，可是另一個「挑戰」又來了。自由行地鐵遊的話，對於轉線及方向是很容易迷失的，本來上地鐵前已了解到路線是可以在某一個站轉車，就可以輕鬆回到酒店。

　　正當列車駛到轉車站時，車廂傳來法語廣播，我當然是一頭霧水，有一種不詳預感浮現，列車並沒有在轉車站停下來就這樣駛過去便算了。我馬上往外看到底是什麼一回事。看外面火光紅紅，傳來輕微的爆破聲，叫喊聲不斷就知道外面發生暴亂。

　　這樣馬上要看看地鐵路線圖如何轉乘回到酒店，我當時候覺得很緊張，因為害怕尾班車就快到了，自己又不會法語，當時亦沒有互聯網這回事，更沒有 Google Map，萬一叫計程車也沒有用。

　　最後來到一個轉車站，月台那一層還好，往下一層走進轉車月台方向的隧道，這裡已經是有很多人在毆鬥及縱火，唯有拼命掩鼻狂奔，幾經辛苦終於可以真正坐在回酒店的列車上。

# 羅浮宮不止蒙羅麗莎

作者：許思庭

　　來到法國巴黎旅行無論對藝術有沒有興趣，羅浮宮似乎都是大多數人必去的景點。交通也很便捷，最簡單的是乘坐地下鐵 1 號線或 7 號線，在 Palais-Royal-musée du Louvre 站下車已經有非常清晰的指示，可以去到羅浮宮的入口售票處，從這個地下商場入口進入是最佳的選擇，可以先避開前來觀光的人群，很順利走到玻璃金字塔底，而且不用在外面日曬雨淋去等候購票。

　　非常推薦大家購買羅浮宮快速通關門票，因為可以事先在網上購買，那麼就可以享有優先入場。當然如果你打算遊覽更多巴黎的博物館就應該先購買「巴黎博物館通票」，那就可以節省更多金錢及時間。

　　提起羅浮宮，大家一定會想到最著名的館藏就是達文西所繪畫的「蒙羅麗莎」，所以館內很多標示告訴你如何前往。我當時候也相當期待，遠遠已經看到人群聚集在這幅名畫前不停地舉起相機拍攝。排除萬難終於可以走近這幅名畫面前細看一下，整幅作品比我想像中還要細小，而且因為是繪畫在一塊木板上，看起來沒有好像繪畫在油畫布上的柔滑自然感覺，但是隱約會有一種朦朧的感覺。

　　稱得上鎮館之寶，當然是地位超然。「蒙羅麗莎」旁邊長期有一位保安員站着保護及維持秩序。

　　其實，除此之外羅浮宮館內加起來有接近 40 萬件來自世界各地的藝術品，所以設有不同的展館。例如有羅馬藝術館、東方藝術館、繪畫館、雕刻館及裝飾藝術館等等。

其實除了蒙羅麗莎之外，堪稱為羅浮宮三寶還有兩件藝術珍品亦都相當值得親眼一看。

被稱為羅浮宮第二寶的就是「勝利女神像」雕像，雖然不知道作者是誰，創作年代極簡易推定，被發現的時候有部分已經成為破碎的石塊，所以整個藝術品有不少殘缺的部分，其中還包括了最重要的頭部。她1863年在愛琴海北部的石崖上被發現，縱使受盡了風吹雨打，仍然不損這座紫雪花石雕塑而成的藝術珍品，身體微微往前傾，衣衫裙腳往後飛揚，展開翅膀準備往天際翱翔的神態完美地展現出一種有生命力的感覺，殘缺的部分就成為了後世人對她的想像，對這個勝利女神的幻想。

羅浮宮的第三寶就是愛神維納斯，走近看維納斯石像身高有兩米，全身是大理石雕琢而成，從維納斯的樣貌身材及衣服皺摺的自然紋理，可以見得雕刻手法技巧之高超，以當時的工藝技術來說是神乎其技。維納斯與勝利女神像有一個共通點就是有殘缺的部分。這座石像失去了兩條胳膊，所以被後世人稱為「斷臂維納斯」。

當你靜下來細心欣賞這一樽樽古希臘遺下來的偉大藝術品時，會讓你有一種穿越時空的感覺，仿佛真有一位千年以前的古希臘成熟女性站在你面前，典雅、高貴與溫柔氣息。

參觀法國巴黎羅浮宮有一個小小的心得，就是不能夠貪心，與其走馬看花走遍這個博物館，倒不如精挑細選慢慢去欣賞。到此一遊還是用心感受？就視乎你自己，而我就會選擇後者。

# 法國香檳代表
## Moët & Chandon

作者：許思庭

　　來到歐洲旅行如果你是一個愛酒之人，你會覺得自己簡直走進了天堂一樣。強烈建議就算平日很少接觸酒類的朋友，好希望你們可以試一試一種法國特有的葡萄酒特產「香檳」。雖然法國香檳可以在世界很多地方都買得到，但是去原產地直接飲用就別有一番滋味，還可以一邊感受原產地的浪漫氣息，正所謂「醉翁之意不在酒」。

　　其實香檳看起來與一般汽泡酒好像沒有什麼分別，打開瓶蓋倒出來，不都是金黃色的酒身，還有很多一點點的氣泡往上跑，對嗎？

　　其實能夠稱之為香檳是有規定的，只會在法國香檳區生產的葡萄氣泡酒才能稱之為「香檳」，就算法國本土以內其他地區以同樣方式生產也只可能稱之為「氣泡酒」，所以假如亂用「香檳」這個稱號的話會有被告的風險。

　　很多人會問如果真的要到香檳區品嚐香檳的話，從芸芸眾多品牌之中最值得去參觀是哪一個品牌呢？

　　我個人相當推介到 Moët & Chandon 香檳酒廠參觀及品嚐香檳，這個香檳品牌背景相當有名，酒廠入口之處前面有一庭銅製 Dom Perignon 雕像，他是對香檳酒非常有貢獻的人，也是一名修士，因為有他才讓香檳酒提升到了另一個層次，更確立了香檳的釀製方法。

　　要到這個香檳酒廠參觀方法其實很簡單，只要在他們的官方網頁登記及網上付款就已經可以完成。整個參觀及導賞團，其實最重要的環節就是參觀他們的「酒窖」，這裡可謂是他們品牌的心臟地帶。Moët &

Chandon 自己就擁有 1 千多公頃的葡萄園，每年可生產約 2 千 6 百萬瓶香檳。據說世界每賣出 4 瓶香檳中就會有 1 瓶是 Moët & Chandon，簡單地經由酒廠專員介紹後便出發前往他們的地下室，也就是「酒窖」。

前往 Moët & Chandon 酒廠途中你會經過他們的葡萄園，能否看見一望無際綠綠的田園就要視乎你的運氣及季節了，回想起我經過的時候只剩下光禿禿的樹枝。

這個地下酒窖入口已經長達到 30 公尺，導賞員所說酒窖全長一共超過 28 公里，所以產量是多麼驚人，還有酒窖裏面是昏昏暗暗，通道四通八達，所以千萬不要亂跑一個不小心會很容易迷路。導賞團也很會說笑，他說就算迷路也不要擔心，也不會餓死的，因為隨手都可以有酒喝。這個地方不單止是一個釀酒的基地，也是一個歷史遺留下來的遺跡。

在酒窖裡擺放了一個很古舊的酒桶，據導賞員所說是當年拿破崙送給酒莊的，因為當時酒廠創辦人的孫兒就是拿破崙在軍校時的同學。

雖然在這麼昏暗的環境中，導賞員也有一個小小的地方，是一個特定的位置，還有一些簡單的設備，解釋一下香檳的發覺及釀製過程。

走過長長的酒窖，腳也酸了，口也有點乾，從地底深處返回現實世界，走到一間感覺格調高雅的房間，穿起西裝非常英明神武的專員，已經為大家準備好一杯又一杯的香檳，購買的導賞團入場券費用其實已包括一杯香檳。

　　當你走過 Moët & Chandon 地窖歷史的長廊，感受著他二百多年以來的變遷，再喝上一杯他們的香檳確實是別有一番滋味，你絕對會覺得不枉此行。

# 舊世界紅酒波爾多
# 買醉之行

作者：許思庭

　　之前分享了香檳區參觀酒莊之旅，假如你是一位愛酒之人，法國的另一種葡萄酒「紅酒」及「白酒」一定是你心儀的杯中物。假如要來一趟法國酒鄉之旅，十分建議大家可以到波爾多。葡萄酒有分兩大類，分別是產區來自「舊世界」與「新世界」，當然新與舊也好各有各的特色，各有各的愛好者。

　　如果你問起「舊世界」的葡萄酒，法國波爾多絕對是中流砥柱，原因是所有法國紅酒中，最具代表性的五大酒莊都是來自波爾多。

　　到波爾多參觀這些最頂級的五大酒莊，與之前參觀香檳酒莊相比卻又是另一回事，所以在此再跟大家分享一次我的波爾多之旅。

　　首先，原來這些最著名的酒莊一般是不會接受預約參觀的，但是可以在網路上尋找到其他當地酒莊，並透過當地旅行社去參觀。不過亦有朋友曾經嘗試過寫電郵到這些著名酒莊希望可以預約參觀，其中最大問題是要懂得法文。

　　這次的旅程可謂相當的「自由」行，第一站來到波爾多的 St. Jean，然後再轉鐵路直接到 Saint Emilion。步出車站發覺這裡人煙稀少，相信木製酒桶的數量比人還要多，有一種好像回到數百年前的歐洲小鎮一樣。

　　這個酒莊的密度好比城市中的便利店一樣，總有一個酒莊在附近。隨便走到了一個酒莊，靠近一看大閘打開着，相信這裏工作人員很久也沒有見過亞洲人的面孔，臉上有一種很出奇的表情，我也大膽問可否進

去參觀，這位神態相當輕鬆悠閒的工作人員竟然一口答應帶我進去參觀。馬上上網了解一下這個酒莊的背景是怎樣的，原來也相當具有名氣。

原來現在釀紅酒已有現代化的工業科技，配以最傳統的大木桶及地底酒窖去慢慢醞釀成紅酒。工作人員很熱情地讓我一杯再一杯地試飲，雖然感到相當開心，不過又會叫自己適可而止，因為這個旅程只是剛剛開始。繼續在這個小鎮內遊走，穿過小鎮與市集，見到一個古舊的教堂，走進去後的第一個感覺是已經被荒廢了，但原來它下面還有一個地下教堂，傳來陣陣悅耳美妙詩歌的聲音。法國眾多的酒莊聚集在這裡，我簡直穿越了一個一望無際的葡萄園，原來很多葡萄酒莊都跟剛才那個一樣可以免費參觀的，而且這些小小的葡萄酒莊的老闆相當熱情，所以建議每一款葡萄酒還是品嘗一口就夠了，千萬不要嘗試在波爾多自駕遊。

這裡還有一所很像大學的校園，原來是一間品酒學院，校園內的建築充滿古典藝術感，也有一些位置是留給參觀學校的人士試玩，例如用嗅覺去判斷葡萄酒所用的是哪一種葡萄。

之後來到一個比較現代感多一點點的市集，專門售賣葡萄酒的商店很多，店內的擺設加上店員的態度會讓你有購物的衝動，不過當你再看看葡萄酒售價，稍為冷靜一下你就會發覺這些葡萄酒專賣店會比超級市場的售價還要貴。

你走進波爾多當地的超級市場 Spar 就會發現自己很幸運，明顯地這些葡萄酒專賣店目標是衝動的「遊客」。

　　最後這次波爾多的旅程，我一小瓶紅酒也沒有買，　因為已經在這次旅程中嘗試了超過 200 款的葡萄酒了，所以再也想不到哪一款葡萄酒值得我買回去繼續再慢慢品嚐。

# 當法國小鎮出現香港人

作者：許思庭

　　法國科爾馬 Colmar 在我少年的時候並非是一個什麼旅遊熱點。這個位於法國東部的小城市，人口大約只有六萬人左右，嚴格來說只是一個小鎮，不過到今時今日仍然維持著中古時期的建築與特色，來到這個小城市你有一種置身於童話世界裡的感覺。

　　當時為什麼我會到這個小鎮？就是因為他有小威尼斯的美譽，還有科爾馬被評選為最具特色的歐洲聖誕市集之一，所以與朋友一同來到這裡歡度聖誕佳節。

　　如果要從巴黎乘坐火車大約要三小時的車程，是位於德國與法國的邊界。

　　那些年的資訊科技並非像現今這般發達，互聯網並非是普通的接收資訊工具，所以當時候有些小店的店員對於我這個亞洲人忽然間出現在他們的店內時，他們有些會投以詫異的目光，有些會覺得很好奇親切有禮地上前向我打招呼及問好。某程度上可以說他們很少見到有亞洲人在童話世界裡出現。

　　可能你會好奇，為什麼現在科爾馬忽然之間成為了旅遊的熱門地點？就是因為日本動畫大師宮崎駿的名作之一《哈爾移動城堡》，「霍爾的家」的景點藍本就是取材於科爾馬的普菲斯特屋(Maison Pfister)，當你走到這裡的時候，就會見到很多遊客舉起相機，大部分都是朝著同一個方向拍攝，你也向著這個方向朝望就對了。

當你置身於這個小鎮中，慢慢你便會感受到這類的特色，既有法國的文化生活態度，同時間建築物大多是德國的木框屋，色彩的配搭卻有異於法國的傳統，鮮艷之餘卻不會產生一種格格不入的感覺，兩種截然不同的歐洲品味融合在這個小鎮當中，難怪宮崎駿對這個地方一見難忘。

假如你是春天與夏天來到這個小鎮的話，這個童話小鎮家家戶戶，在窗外種植了大大小小不同的植物，沿岸河邊也好，座落在城裡的公園也好，不同品種的花朵色彩鮮艷爭妍鬥麗，走到每一個轉角，每一條橋，景色美麗得好像明信片一樣，隨便舉起相機拍攝都可以拍得很好。

清晨走在科爾馬的街頭，趁著店家也還沒有開門、路上行人也不多的時候。可以好好感受一下此時好像凝結在中古世紀的歐洲，感覺很安靜，逛起來很舒服。

# 左岸咖啡館

作者：許思庭

　　遊覽法國巴黎基本上你可以用地下鐵路路線圖去分開每一個區域，但對於巴黎人來說比較簡單會用「左岸」及「右岸」將巴黎分開兩半。其實左岸的意思即是塞納河的「左岸」，「右岸」顧名思義即是在右邊。

　　對於這個地方的咖啡文化確實是有過一番憧憬，一邊享受著巴黎的咖啡，一邊感受著歐洲的浪漫風情，是何等的詩情畫意呢！

　　不過巴黎的咖啡店有著一個特色，室外的座位往往是面對著大馬路，眼前出現的是風馳電掣的電單車及私家車不停地在你面前走過，這個也不是重點，而是車輛走過產生的廢氣及噪音才是最大問題。假如你要我坐在這種環境下好好品嘗咖啡的話，請恕我沒有這種心情。

　　不知道是否法國人已經習慣了這種餐桌對著大馬路的生活文化，很多時候都看到一些法國男子，戴著墨鏡、翹起二郎腿，一臉悠然自得地坐在咖啡店外，放空著目光享受咖啡時光。

　　左岸咖啡店在網路上最具名氣的其中一間，你可以乘坐 4 號地鐵線到 Sain Germain des -Pres 站。走出地鐵站你會看到有一座聖日耳曼德佩教堂，穿過一條熱鬧的街道，必定會傳來陣陣的咖啡香，這裏就是巴黎最著名的兩家咖啡館「花神」及「雙叟」。

　　據說有十九世紀至今很多畫家及作家都很喜歡來到這裡消磨時間，或者醞釀一下創作靈感。如果你問我這類極具名氣的咖啡館味道如何？我個人覺得並非如傳說中咖啡的味道會讓你感到驚為天人，或者是要整

體的配套，即是餐廳室內及室外環境、侍應生的服務及氣氛等等，各種各樣的元素配合起來的化學作用，才是真正的「法國咖啡」。

法國的咖啡館普遍有一個特色，當你點餐完畢後服務生為你送上咖啡時，會配一杯清水給你。目的是讓您品嘗咖啡前可以先喝一口清水讓你「清口」，讓你充分品嚐到咖啡師調配咖啡的原味，尤其是品嚐黑咖啡，絕對可以讓你感受到當中的「刺激感」。

巴黎的咖啡廳主要的類型是有只賣咖啡及甜點，另一類則好像星巴克 Starbucks，除了咖啡，還有茶，果汁，紅酒及啤酒，除此之外由早餐到午餐，麵包及三文治，甜點到雪糕一應俱全。

而且營業時間有些會去到晚上的十二時，所以晚餐以後的時間也可以看到法國人在喝咖啡，好像不怕因此而會失眠一樣。

想當年住在巴黎其中一個最繁忙的火車站旁邊的一條小街，地下大堂的管理員叔叔，每次經過他的工作崗位附近時必定會聞到陣陣的咖啡香，這座大廈住客不多，管理員的壓力相對較少，很多時候看到他悠然自得地沖泡黑咖啡，一小杯的濃縮咖啡，一份報紙，播放著微弱的法國電台收音機的節目。不需要華麗的咖啡廳裝潢，這樣也是一種非常地道的法國咖啡風情。

有一次我忍不住問他，「你不覺得黑咖啡很苦嗎？」

他想了想，笑著回答說：「很苦啊，不過已經習慣了。因為我喜歡咖啡的香味，不知不覺間接受了它的苦。」

聽到他這樣說我也露出了一個苦澀的笑容，我想起我背包內有兩件從香港帶來的甜點「馬仔」(薩琪瑪)。

我告訴他試試看，一邊喝法國的咖啡，一邊品嚐中式傳統的甜點馬仔會否有另一番滋味呢？

人生已經很苦了，就像我們苦中來嚐一點甜。

# 非凡的凡爾賽宮

凡爾賽宮嚴格來說是位於巴黎的郊區，與位於巴黎市中心的羅浮宮兩者的性質是天淵之別。因為後者主要是前往參觀館藏的藝術品為主。至於前者凡爾賽宮原本的性質是路易十三的狩獵行宮，在路易十四年間，因為當時巴黎市中心暴動頻頻發生，所以路易十四決定遷出巴黎，建造新皇宮，前後花了大約 20 年時間，1688 年興建完成皇宮的主體，至於皇宮的花園部分到 1710 年才落成。

由此可見雖然首都巴黎動盪不安，但皇室成員依然是愛理不理，就算被迫遷往凡爾賽宮，仍然是要奢華地享受，對於民間疾苦不為所動容。

話雖如此，當你走進凡爾賽宮，其古典主義風格建築，左右完美對稱的建築瑰麗風藝，引起不少歐洲各國爭相仿效。從藝術角度來看凡爾賽宮確實是藝術方面的珍寶，內部以巴洛克裝潢，精雕細琢的木刻雕花，天花板的油畫作品足以令你驚是何等的巧奪天工。

話說回來，要由巴黎市中心前往凡爾賽宮乘坐火車是最普遍的方法。不過由火車站走到凡爾賽宮也有一定的路程，如今科技發達有很多關於旅行的手機應用程式，亦有提供遊巴黎市區到達凡爾賽宮的旅遊巴士車票，這樣會來得比較輕鬆。如果要認真地參觀凡爾賽宮的話保留更多體力及腳力是必須的。

如果你打算逗留在凡爾賽宮一整天最好買定一些食物及飲料。

　　參觀凡爾賽宮其實很簡單，走進宮內只要你跟隨著王宮內已安排好的遊覽路線行走就可以完完整整地走一圈，其實主要來說使用「廳」去劃分整個皇宮的不同部分，而每一個廳在當時候有著不同的功能。

　　最花時間欣賞的是「豐收廳」，這裡收藏著歷代國王的獎章與收藏品，雖然不及羅浮宮館藏的數量，但卻是有著另一番的意義。

　　另外就是「戰爭廳」，這裡沒有太多的收藏品，重點是在於牆上及天花板的油畫，畫面上英勇的戰士，慘烈的烽火連綿戰爭場面，默默地細數著路易十四是如何征服西班牙給德意志等等的輝煌戰績。已被封閉的壁爐，上面有一幅白色的浮雕，立體地呈現出路易十四騎著戰馬威風凜凜的雄姿。

　　沿路一直走著就會來到凡爾賽宮最著名的地方「鏡廳」，總長度達76 米的長廊，其中一邊一共使用了 400 多面鏡子，原因就是為了貫徹整個宮殿對稱布局的風格，這樣才可以與窗外的景色做出對稱的效果，當你置身於這條長廊時，相信你也會驚嘆當時建築師的工藝與心思。

　　差不多走出王宮的時候，相信你的目光自自然然會被一幅巨型壁畫所吸引，這一幅就是「拿破崙一世加冕大典」。

　　如果有留意這篇文章的細節的話，凡爾賽宮本來是用作狩獵之用，另外興建花園方面花上要超過十年的時間。當你離開王宮面向著一望無際的花園，相信你一定會跟我一樣覺得相當之震撼。

　　要好好地參觀這個花園，園內亦有不少設施是方便旅客，例如：旅客可以乘坐小火車、高爾夫球車或者租借腳踏車，各式各樣不同的方法可以讓你感受到花園內園林的布局，讓人覺得心靈恬靜的湖泊及噴水池。

　　或許可以讓你好好感受一下法國皇室的生活態度。

國家圖書館出版品預行編目資料

青春遊記／明士心、許思庭　合著．　—初版.—
　臺中市：天空數位圖書　2020.12
　面；公分
　ISBN：978-986-5575-07-6（平裝）

719　　　　　　　　　　　　　　109021137

書　　　　　名：青春遊記
發　　行　　人：蔡秀美
出　　版　　者：天空數位圖書有限公司
作　　　　　者：明士心、許思庭
編　　　　　審：白雪
攝　　　　　影：明士心、許思庭
製　作　公　司：牛點有限公司
版　面　編　輯：採編組
美　工　設　計：設計組
出　版　日　期：2020 年 12 月（初版）
銀　行　名　稱：合作金庫銀行南台中分行
銀　行　帳　戶：天空數位圖書有限公司
銀　行　帳　號：006-1070717811498
郵　政　帳　戶：天空數位圖書有限公司
劃　撥　帳　號：22670142
定　　　　　價：新台幣 500 元整
電子書發明專利第　I　306564 號

*Family Sky*

紙本書編輯印刷：
電子書編輯製作：
天空數位圖書公司　E-mail：familysky@familysky.com.tw　http://www.familysky.com.tw/
地址：40255台中市南區忠明南路787號30F國王大樓　Tel：04-22623893　Fax：04-22623863